ORIGINE ET FORMATION
DE LA LANGUE FRANÇAISE

EXERCICES PRATIQUES DE PHILOLOGIE COMPARÉE

LE PREMIER LIVRE

DES

FABLES DE LA FONTAINE

(TEXTE DE 1668)

ACCOMPAGNÉ D'UNE VERSION LATINE INTERLINÉAIRE CALQUÉE SUR LE TEXTE FRANÇAIS

ÉTABLISSANT LA GÉNÉALOGIE DES MOTS FRANÇAIS,
ET LES DIFFÉRENTES PHASES DE LEUR TRANSFORMATION

PRÉCÉDÉ DE LA THÉORIE DES LOIS QUI RÉGISSENT LA FORMATION DE LA LANGUE FRANÇAISE

PAR

Hippolyte COCHERIS

Inspecteur général de l'Instruction publique

PARIS
LIBRAIRIE CH. DELAGRAVE
15, RUE SOUFFLOT, 15

ORIGINE ET FORMATION
DE LA LANGUE FRANÇAISE

EXERCICES PRATIQUES DE PHILOLOGIE COMPARÉE

LE PREMIER LIVRE

DES

FABLES DE LA FONTAINE

ORIGINE ET FORMATION
DE LA LANGUE FRANÇAISE

EXERCICES PRATIQUES DE PHILOLOGIE COMPARÉE

LE PREMIER LIVRE
DES
FABLES DE LA FONTAINE
(TEXTE DE 1668)

ACCOMPAGNÉ D'UNE VERSION LATINE INTERLINÉAIRE CALQUÉE SUR LE TEXTE FRANÇAIS

ÉTABLISSANT LA GÉNÉALOGIE DES MOTS FRANÇAIS
ET LES DIFFÉRENTES PHASES DE LEUR TRANSFORMATION

PRÉCÉDÉ DE LA THÉORIE DES LOIS QUI RÉGISSENT LA FORMATION DE LA LANGUE FRANÇAISE

PAR

Hippolyte COCHERIS
Inspecteur général de l'Instruction publique

PARIS
LIBRAIRIE CH. DELAGRAVE
15, RUE SOUFFLOT, 15

A MONSIEUR F. GUESSARD

MEMBRE DE L'INSTITUT

(ACADÉMIE DES INSCRIPTIONS ET BELLES-LETTRES)

Mon cher maître et ami,

Vous rappelez-vous notre voyage à Rome en 1848 et cette mission littéraire que vous dirigiez avec tant d'affectueuse sollicitude pour vos jeunes collaborateurs ?

Il y a trente ans de cela, et je me souviens encore de nos longues conversations en *vetturino*, et dans les *osterie cucinanti* d'Italie, sur les rapports de la langue latine avec la langue française. Votre esprit si gai, si fin, donnait un charme de plus à votre érudition. Grâce à vous, les difficultés s'aplanissaient comme par enchantement, et je les comprenais sans fatigue et sans ennui. Que de fois, depuis, j'ai cherché dans les livres les jolies choses que vous m'aviez dites sur un sujet si intéressant, et que de fois j'ai regretté qu'une plume aussi exercée que la vôtre n'eût pas entrepris de répandre, avec l'attrait qui lui est propre, des doctrines saines sur la linguistique française ! Vous êtes cependant du petit nombre de ceux qui savent, de ceux dont l'érudition n'est pas un obstacle à l'art de bien dire, de ceux qui sont forts sans être pédants, de ceux qui allient, dans une juste mesure, la science et l'esprit. Mais vous êtes aussi du bon vieux temps, de l'âge des longues réflexions et des paisibles béatitudes; une sage lenteur préside à tous vos travaux, et, sous le prétexte que l'on ne saurait trop chercher à se perfectionner, vous vous abandonnez peut-être avec trop de volupté aux douceurs de l'érudition contemplative, laissant ainsi à vos élèves la tâche agréable de profiter de vos leçons et de recueillir ce que vous avez semé. J'aurais préféré, je l'avoue, moins de désintéressement, car, permettez-moi de vous le dire, mon cher maître, c'est pousser un peu trop loin l'oubli de soi-même... et des autres.

Sans doute, vous avez fait de bons élèves; quelques-uns même sont devenus des maîtres. Mais qu'ils sont loin de vous ressembler! Où sont cette amabilité d'antan, cette critique impitoyable, mais littéraire, où l'on excusait l'âpreté du fond en faveur de la délicatesse de la forme, cette facilité d'exposition et cette clarté d'expressions si utiles aux pauvres d'esprit? Je les cherche, et, oserais-je le dire, je ne les rencontre pas toujours. Je vois de grands érudits, de solides athlètes, d'infatigables travailleurs, et, sous ma plume, ces éloges ne sont pas dénués de valeur, car si, en philologie, je n'ai pas la prétention d'en connaître assez pour les imiter, je crois en savoir suffisamment pour les comprendre; mais je ne trouve point en eux les qualités aimables qui vous distinguent. En un mot, vous êtes gaulois, et ils ne le sont pas. Chez vous, la grâce s'allie à la force; chez eux, la force dédaigne la grâce. Vous vulgarisiez la science, ils la conservent dans les régions éthérées où elle est née ; vous vous adressiez aux intelligences moyennes et vous vouliez bien descendre jusqu'à elles, ils ne s'adressent qu'à leurs égaux et ils ne font rien pour qu'on le devienne.

Je ne saurais trop admirer leur savoir, mais je préfère votre méthode. L'École des Chartes, qui, après tout, n'est pas un collége de Druides, est justement appréciée pour la haute valeur de son enseignement; c'est à ceux qui en ont profité de le propager et de le compléter par des travaux spéciaux, propres à former le goût des jeunes gens qui veulent faire des études sérieuses.

Or, je constate qu'en l'an de grâce 1880, un rhétoricien n'est pas capable d'expliquer la théorie des règles qui ont présidé à la formation de la langue qu'il parle. Il sait le grec, le latin et bien d'autres choses encore; mais le français, point!

Personne n'estime plus que moi les chefs-d'œuvre de l'antiquité, et je ne suis pas de ceux qui demandent qu'on les dédaigne. Il est sans doute indispensable de connaitre les admirables productions d'Athènes et de Rome; mais cependant il ne faut pas pousser le respect envers les morts au point d'oublier les vivants, et, sous le prétexte d'étudier à fond les langues d'Homère et de Cicéron, négliger celle de Montaigne, de Racine et de Voltaire.

Pour initier les élèves des classes supérieures aux secrets de la transformation de la langue latine en langue française, il ne suffit pas de l'intelligence du professeur et du bon vouloir de l'élève, il faut encore des livres spéciaux, clairs et précis, qui facilitent aux jeunes adeptes la connaissance des principales règles de la linguistique : il faut surtout des exercices pratiques capables de frapper instantanément l'esprit des jeunes gens, et de leur prouver, dès l'abord, que la linguistique est une science sérieuse, mathématique, qui n'a rien de commun avec l'imagination et qui donne des résultats certains.

J'ai pensé que la publication du premier livre des Fables de La Fontaine avec un calque latin interlinéaire rendrait de réels services aux professeurs et aux élèves que les questions de philologie comparée intéressent, en leur fournissant un moyen pratique de se familiariser avec les lois qui président à la transformation des langues.

J'ai cru rendre aussi à César ce qui lui appartient, en mettant à la tête de ce volume le nom du professeur excellent qui m'a indiqué la voie dans laquelle je suis entré depuis longtemps, et que j'indique moi-même ici à tous ceux qui s'intéressent aux origines de l'Histoire de notre idiome national.

Tel est, mon cher maître, le but que je désire atteindre en publiant ce livre. Mon vœu le plus cher est qu'il soit aussi utile aux lecteurs que votre enseignement l'a été à tous vos disciples de l'École des Chartes, y compris

Votre très-affectionné serviteur et ami,

H. COCHERIS.

THÉORIE

DES

LOIS QUI PRÉSIDENT A LA FORMATION

DE LA

LANGUE FRANÇAISE

Avant de donner le texte du premier livre des FABLES DE LA FONTAINE, avec la version latine interlinéaire, je crois devoir indiquer les lois qui président à la transformation des mots latins en mots français, afin que le lecteur puisse juger par lui-même avec quelle régularité se sont produits les phénomènes que je vais consigner ici.

Je ne publie, bien entendu, que le résumé des règles de la phonétique, règles certaines, absolues, mathématiques, dont on verra l'application exacte en lisant attentivement les FABLES placées à la fin de ce volume. Les personnes studieuses, qui trouveront dans l'examen comparé des deux textes matière à discussion ou à plus ample information, pourront se reporter à mes *ouvrages sur la Langue française*, où j'ai traité ce sujet, pour ainsi dire inépuisable, avec plus de développements.

La persistance de l'accent latin dans les langues néolatines, entrevue par mon ancien collègue M. Baudry, en entendant chanter Lablache, démontrée par Dïez et par mon jeune confrère M. Gaston Paris, propagée par MM. Littré, Meyer et Brachet, pour ne parler que des maîtres en ces matières, est la loi fondamentale qui préside à la formation de la langue française.

A cette loi fondamentale, il faut ajouter la loi de contraction, la loi de déclinaison et la loi de permutation.

Nous allons les indiquer successivement et en examiner les principaux effets.

La loi d'accentuation est la plus importante de toutes, car les lois de contraction et de déclinaison peuvent être considérées comme des effets produits par la loi d'accentuation.

Tout le monde sait qu'en latin les mots se composent de syllabes accentuées, dites *toniques*, et de syllabes non accentuées, dites *atones*, c'est-à-dire que dans tous les mots polysyllabes, il y a des syllabes que l'on accentue plus les unes que les autres. Eh bien, lorsqu'un mot latin est devenu français, il a toujours conservé la tonique, tandis qu'il a perdu ou affaibli l'atone brève et la consonne médiane.

L'accent tonique donne au mot sa physionomie propre et son caractère particulier; aussi l'a-t-on justement appelé « l'âme du mot ».

En français, l'accent n'occupe jamais que deux places : la dernière syllabe, quand la terminaison en est masculine (chan*teur*, ai*mer*, fi*nir*); l'avant-dernière, quand la terminaison est féminine (*rai*de, *por*che, vo*ya*ge).

En latin, l'accent tonique n'occupe aussi que deux places : il est sur la pénultième, c'est-à-dire l'avant-dernière, quand elle est longue (can*to*rem, a*ma*re, fi*ni*re), et quand l'avant-dernière est brève, il est sur l'antépénultième (*ri*gidus, *por*ticus, *vi*aticum).

Si le lecteur compare attentivement, dans les exemples cités, les mots latins avec les mots français, il verra se reproduire un même phénomène, à savoir, que la syllabe qui est accentuée en latin est aussi la syllabe accentuée en français; en un mot, que l'accent reste presque toujours en français sur la syllabe qu'il occupait en latin.

Cette persistance de l'accent latin dans la langue française est une règle générale et absolue dans les mots d'origine populaire, autrement dits de formation spontanée, sauf dans les mots liturgiques, dont la fausse accentuation est due à leur tardive adoption dans le langage vulgaire et dans les mots grecs introduits dans la langue latine. Les exceptions sont d'une origine savante ; ce sont des mots introduits postérieurement à la formation de la langue par des hommes qui ignoraient les lois suivies par la nature dans la transformation du latin en français. On peut s'en rendre compte dans ce tableau :

Mots latins	Mots populaires	Mots savants
A*lu*men	A*lun*	Alu*mi*ne
*D*ecima	*D*îme	*D*éc*i*me
*O*rganum	*O*rgue	*O*rg*a*ne
*P*olypus	*P*ou*l*pe	*P*o*ly*pe
*P*orticus	*P*orche	*P*or*ti*que

On voit par ce tableau que les mots d'origine savante sont non-seulement beaucoup plus longs que les mots d'origine populaire, mais encore qu'ils transposent la tonique, qui n'est pas placée sur la même syllabe que celle des mots latins et des mots populaires qui les représentent régulièrement. La raison en est facile à donner : les mots savants ont été calqués sur les mots de la bonne latinité, et non sur le latin vulgaire. Or, dans le latin vulgaire, on supprimait souvent l'avant-dernière syllabe atone.

Ainsi, quand les lettrés écrivaient *computum*, *mobilis*, le peuple disait *comptum*, *moblis*, d'où *compte*, *meuble ;* tandis que les savants formaient les mots *comput* et *mobile*.

C'est en raison de cette loi d'accentuation que l'atone brève se perd. En effet, dans tous les mots populaires, la voyelle brève, qui dans un mot latin précède immédiatement la tonique, disparaît sans laisser de traces.

EXEMPLES

Bon(i)tatem	Bon té
San(i)tatem	San té
Pos(i)tura	Pos ture
Clar(i)tatem	Clar té
Pop(u)latus	Peu plé

Dans les mots français d'origine savante, cette loi n'est pas suivie, et il arrive ainsi qu'un même mot latin engendre deux mots différents, dus, l'un à l'influence populaire, l'autre à l'influence savante.

Les exemples ne manquent pas. Je citerai (1) :

Mots latins	Mots populaires	Mots savants
Car(i)t*a*tem	Cherté	Charité
Asper(i)t*a*tem	Apreté	Aspérité
Circ(u)l*a*re	Cercler	Circuler
Com(i)t*a*tus	Comté	Comité
Cum(u)l*a*re	Combler	Cumuler
Cap(i)t*a*lis	Cheptel	Capital
Hosp(i)t*a*le	Hôtel	Hôpital
Mast(i)c*a*re	Mâcher	Mastiquer
Recup(e)r*a*re	Recouvrer	Récupérer
Par(a)d*i*sus	Parvis	Paradis
Sep(a)r*a*re	Sevrer	Séparer
Mon(a)st*e*rium	Moutier	Monastère
Sim(u)l*a*re	Sembler	Simuler
Secur(i)t*a*tem	Sûreté	Sécurité

Enfin, un autre effet de cette loi d'accentuation est de faire tomber la consonne médiane qui précède la voyelle tonique des mots latins. On entend par consonne médiane la consonne qui se trouve entre deux voyelles, la dernière prononcée étant accentuée. Cette syncope n'existe pas dans les mots d'origine savante.

EXEMPLES (2)

Mots latins	Mots populaires	Mots savants
Au(g)ustus	Août	Auguste
Advo(c)atus	Avoué	Avocat
Communi(c)are	Communier	Communiquer
Bene(d)ictus	Béni, benêt, benoît	Bénédict
Cura(t)orem	Cureur	Curateur
Confi(d)entia	Confiance	Confidence
De(c)anatus	Doyenné	Décanat
De(c)ima	Dîme	Décime

(1) Pour faciliter la lecture de ces exemples, j'ai mis l'atone brève qui disparaît entre parenthèses, et la lettre tonique en italique.

(2) La consonne médiane est entre parenthèses.

Mots latins	Mots populaires	Mots français
Deli(c)atus	Délié	Délicat
Dila(t)are	Délayer	Dilater
Dona(t)orem	Donneur	Donateur
Fra(g)ilis	Frêle	Fragile
Do(t)are	Douer	Doter
Fi(d)elis	Féal	Fidèle
Fi(d)elitatem	Féauté	Fidélité
Fila(t)orem	Fileur	Filateur
Le(g)alis	Loyal	Légal
Le(g)alitatem	Loyauté	Légalité
Vi(g)ilia	Veille	Vigile
Na(t)ivus	Naïf	Natif
Re(d)emptionem	Rançon	Rédemption
Na(t)alis	Noël	Natal
Na(t)ivitatem	Naïveté	Nativité
Pre(d)icatorem	Prêcheur	Prédicateur
Ra(p)idus	Raide	Rapide
Ri(g)idus	Roide	Rigide
Sa(c)ramentum	Serment	Sacrement
Se(c)uritatem	Sûreté	Sécurité
Sca(d)afalcum	Échafaud	Catafalque
Salva(t)orem	Sauveur	Sauveteur
Para(b)ola	Parole	Parabole

En un mot, l'accent a toujours été respecté par le peuple. Les autres lettres ont pu fléchir, disparaître même; l'accent seul ne s'est jamais laissé entamer.

Il y a beaucoup de mots qui, adjectivement, ont été formés sous l'influence naturelle, et qui, substantivement, ne nous sont parvenus que sous la forme savante.

Ainsi, l'adjectif latin *maturus* étant devenu *mûr*, le substantif *maturitatem* aurait dû faire *mûreté* au lieu de *maturité*. Il en est de même pour *rotundus*, qui a fait *rond*. Le mot *rotonditatem* aurait dû faire, en suivant la même règle, *rondité !* au lieu de *rotondité*.

En lisant avec attention un texte quelconque, on trouve un mélange perpétuel de formes savantes disparues et de formes populaires conservées. Ainsi, dans cette phrase :
« Aussitôt sa *rédemption* payée et sa liberté *récupérée*, ce

fidèle chevalier a veillé à sa *sécurité*, » les mots ont été forgés artificiellement; ce sont des formes savantes. En employant des mots de formation naturelle, on dirait : « Aussitôt sa *rançon* payée et sa liberté *recouvrée*, ce *féal* chevalier a veillé à sa *sûreté*. »

En effet, si on se rappelle ce que je viens de dire, on verra de suite qu'en calquant le mot français sur le mot latin, les savants ont pu tirer :

Rédemption	de	*Redemptionem*
Récupéré	de	*Recuperatum*
Fidèle	de	*Fidelis*
Sécurité	de	*Securitatem*

On observera aussi qu'en suivant les règles naturelles exposées ci-dessus, on retrouve :

Rançon dans *Re(d)emptionem*

La consonne médiane (*d*) disparaissant ;

Recouvré dans *Recup(e)ratum*

La voyelle brève (*e*) qui précède la tonique tombant dans le travail de mutation ;

Féal dans *Fi(d)elis*

La consonne médiane (*d*) tombant au moment de la transformation ;

Sûreté dans *Se(c)ur(i)tatem*

La consonne médiane (*c*) disparaissant, et la voyelle (*i*) se transformant en *e* muet sous l'empire de la loi qui supprime la voyelle atone.

S'il y a un grand nombre de formes savantes disparues et de formes populaires conservées, il existe aussi des formes savantes qui ont été conservées au détriment des formes populaires qui ont été dédaignées.

Par exemple, on dit : *démonstrateur* au lieu de *démontreur; collaborateur* au lieu de *colaboureur; curateur* au lieu de *cureur*, etc.

Ainsi, règle générale, les mots savants se distinguent des mots populaires en ce qu'ils ne suivent pas la loi d'accentuation à laquelle ces derniers ne peuvent se soustraire.

LOI DE CONTRACTION

La loi de contraction exerce son influence de deux manières : *absolument* et *relativement*.

Absolument, dans l'intérieur des mots, d'après les règles qui font disparaître une voyelle atone ou une consonne médiane, comme nous venons de le voir en parlant de la loi d'accentuation ; à la fin des mots, par la chute de la finale, qui disparaît ou s'adoucit par un *e* muet en devenant française.

EXEMPLES

Bon us	=	Bon
Arc us	=	Arc
Cas us	=	Cas
Hom o	=	Hom, *puis* on
Fort is	=	Fort
Perir e	=	Périr
Sentir e	=	Sentir
Don um	=	Don
Ferr um	=	Fer
Templ um	=	Temple

Relativement, et d'une manière fort inégale, dans les mots devenus français, à mesure que ces mots se dirigent du Midi vers le Nord.

EXEMPLES

Masculus	Midi	*mascle*
	Centre	*mâle*
	Nord	*mâie*

Les contractions de la finale des mots, autrement dites *apocopes*, se manifestent dans toutes les langues. L'apocope maigrit les mots, comme la rouille ronge le fer. Le peuple cherche toujours à diminuer les mots. Dans les campagnes, ne dit-on pas *hâti* pour *hâtif*, *calvi* pour *calville*, *couvert* pour *couvercle*, *béta* pour *bétail ?* Le gamin de Paris vous offre un billet d'*orchès* pour un billet d'*orchestre ;* va chez l'*herboris* pour l'*herboriste ;* ainsi le *porteu* (*porteur*) de lanterne *magie* (*magique*) a des *bisbis* (*bisbille*) avec les sergents de ville, etc., etc.

LOI DE DÉCLINAISON

La loi de déclinaison est une suite inévitable de la loi de contraction. Les mots latins ayant deux formes distinctes, selon qu'on les emploie au nominatif ou à l'un des cas obliques, il est arrivé que des mots français se sont moulés tantôt dans un nominatif, tantôt dans un accusatif latin, de façon que les mots appartenant à la troisième déclinaison, où l'accusatif est plus long que le nominatif, ont donné naissance à deux mots de forme différente et de sens identique, jusqu'à ce que l'usage en ait décidé autrement.

Ainsi, *templum*, qui est aussi bien *templum* au nominatif qu'à l'accusatif, n'a jamais pu former que le mot *temple*, tandis que le nominatif *homo* a pu former *hom*, puis *on*, et l'accusatif *hominem : homme*.

Telle est l'origine d'une famille de doublets dont voici un spécimen :

Nominatifs		Cas obliques	
Pastor	pâtre	*Pastorem*	pasteur
Cantor	chantre	*Cantorem*	chanteur
Minor	moindre	*Minorem*	mineur
Major	maire	*Majorem*	majeur
Bilanx	bilan	*Bilancem*	balance
Bitumen	béton	*Bitumine*	bitume

DE LA PERMUTATION DES LETTRES

Les lois d'accentuation, de contraction et de déclinaison expliquées, il est aussi nécessaire de savoir que les lettres, voyelles ou consonnes, permutent entre elles en passant d'une langue dans une autre.

On entend par *permutation* le changement d'une lettre en une autre lettre. Ce sont ces permutations entre les mots d'une langue mère et ceux d'une langue dérivée qu'il faut connaître, lorsqu'on s'occupe d'étymologie.

EXEMPLE : Étant donné le mot *capra*, sachant que le *c* dur se transforme en *ch*, l'*a* en *è* et le *p* en *v*, je n'ai aucune crainte de me tromper en considérant ce mot comme le père de notre mot *chèvre*.

La *transposition* ou *métathèse* a lieu toutes les fois que la lettre d'un mot appartenant à la langue mère ne se retrouve pas à la même place dans le mot correspondant de la langue dérivée.

EXEMPLES : L'*i* du mot *gloire* précède le *r* en français et le suit en latin (glo*r*ia). — Le *g* du mot *étang* suit le *n*, tandis qu'il le précède en latin (sta*g*num), etc., etc.

La transposition a lieu soit en arrière, soit en avant.

La transposition en arrière se rencontre dans :

Sang*l*ot	de	Singu*l*tus
Pau*v*reté		Pau*p*ertatem
T*r*oubler		Tu*r*bulare
B*r*ebis		Ve*r*vecem
T*r*emper		Te*r*perare
T*r*ouver		Tu*r*bare
Éta*n*g		Sta*g*num
Poi*n*g		Pug*n*us

La transposition en avant se retrouve dans :

Pour	de	Pro
Du*r*ance		D*r*uentia
Tei*g*nant		Ti*n*gentem

Lorsqu'on fait de la grammaire historique, il y a deux manières de décrire les phénomènes signalés par la linguistique : remonter de la langue dérivée à la langue mère, ou descendre de la langue mère à la langue dérivée.

Ainsi, une lettre latine a pu se transformer en plusieurs lettres françaises, comme une lettre française peut provenir de plusieurs lettres latines.

Pour faciliter la compréhension de ces divers changements, auxquels on n'est pas habitué, j'ai dressé deux tableaux synoptiques : l'un, des lettres latines et de leur filiation; l'autre, des lettres françaises et de leur généalogie.

Pour ne pas trop grossir ces tableaux, j'ai séparé les voyelles et les diphthongues des consonnes.

TABLEAU GÉNÉALOGIQUE
DES VOYELLES ET DES DIPHTHONGUES
FRANÇAISES

Nota. — Les lettres qui permutent sont en italique.

VOYELLES ET DIPHTHONGUES françaises	VOYELLES OU DIPHTHONGUES LATINES correspondantes.	EXEMPLES	
		FRANÇAIS	LATINS
A	1 A 2 AU 3 E 4 I 5 O 6 U	1 algue 2 archal 3 par 4 langue 5 langouste 6 trancher	1 alga 2 aurichalcum 3 per 4 lingua 5 locusta 6 truncare
E	1 E 2 A 3 Æ 4 OE 5 I 6 U· 7 AU	1 terre 2 mer 3 édifice 4 économie 5 Bretagne 6 génisse 7 écouter	1 terra 2 mare 3 ædificium 4 œconomia 5 Britannia 6 junicem 7 auscultare
I	1 I 2 A 3 Æ 4 OE 5 E	1 image 2 aveline 3 ciboule 4 cimetière 5 six	1 imago 2 avellana 3 cæpulla 4 cœmeterium 5 sex
O	1 O 2 Æ 3 AU 4 I 5 U	1 orner 2 camomille 3 Orléans 4 ordonner 5 colombe	1 ornare 2 chamæmelon 3 Aurelianum 4 ordinare 5 columba
U	1 U 2 E 3 I 4 O	1 plume 2 jumeau 3 jujube 4 tuf	1 pluma 2 gemellus 3 zizyphum 4 tofus
AI	1 Æ 2 A 3 A et I séparés (métathèse)	1 airain 2 aigu 3 contraire	1 œramen 2 acutus 3 contrarius

VOYELLES ET DIPHTHONGUES françaises	VOYELLES OU DIPHTHONGUES LATINES correspondantes.	EXEMPLES FRANÇAIS	EXEMPLES LATINS
AIT	ACT	fait	factus
AU et EAU	1 AL 2 EL	1 aube 2 beau	1 alba 2 bellus
EI	1 Æ 2 OE 3 E 4 I	1 baleine 2 peine 3 veine 4 sein	1 balæna 2 pœna 3 vena 4 sinus
EU et ŒU	1 AU 2 O	1 peu 2 queux	1 paucum 2 coquus
OI	1 A 2 A séparé de l'I (métathèse) 3 E 4 I 5 O 6 O séparé de l'I (métathèse) 7 U	1 doloire 2 poîle 3 trois 4 poire 5 cloître 6 histoire 7 boisseau	1 dolabra 2 pallium 3 tres 4 pirum 5 clostrum 6 historia 7 bustellus
OIT	1 ICT 2 ECT	1 étroit 2 voiture	1 strictus 2 vectura
OU	1 AU 2 O 3 OL 4 ON 5 U	1 louer 2 amour 3 cou 4 couvent 5 goutte	1 laudare 2 amorem 3 collem 4 conventus 5 gutta
IE	1 E 2 I 3 OE	1 fiel 2 vierge 3 ciel	1 fel 2 virgo 3 cœlum
IER	ARI transposé (métathèse)	premier	primarius
IEU	1 E 2 O	1 Dieu 2 lieu	1 Deus 2 locus
UI	1 U 2 U séparé d'I (métathèse) 3 O séparé d'I (id.)	1 truite 2 juin 3 cuir	1 trutta 2 junius 3 corium
UIT	1 OCT 2 UCT	1 cuit 2 fruit	1 coctus 2 fructus

NOTA. — L'*i* latin s'est transformé très-souvent en *oi*. Pour ne donner que quelques exemples choisis dans les fables qui suivent, conf. *Voisine* de *vicinam*, *quoi* de *quid*; etc. Quant à *moi, toi, soi*, je crois qu'ils viennent plutôt de *me, te, se*, que de *mihi, tibi, sibi*, l'accusatif étant, dans la basse latinité, le cas le plus fréquemment employé.

TABLEAU

DE LA

TRANSFORMATION DES VOYELLES

ET DIPHTHONGUES LATINES

EN LETTRES ET DIPHTHONGUES FRANÇAISES

NOTA. — Les lettres qui permutent sont en italique.

VOYELLES ET DIPHTHONGUES latines.	LETTRES ET DIPHTHONGUES FRANÇAISES correspondantes.	EXEMPLES LATINS	EXEMPLES FRANÇAIS
A	1 A 2 AI 3 OI 4 I 5 E	1 av*e*na 2 *a*la 3 arm*a*rium 4 cer*a*sum 5 plum*a*	1 *a*voine 2 a*i*le 3 armo*i*re 4 cer*i*se 5 plum*e*
E	1 E 2 A 3 I 4 IE 5 OI 6 U	1 f*e*rrum 2 p*e*r 3 c*e*ra 4 r*e*m 5 av*e*na 6 apost*e*ma	1 f*e*r 2 p*a*r 3 c*i*re 4 r*ie*n 5 av*oi*ne 6 apost*u*me
I	1 I 2 A 3 E 4 O 5 OI 6 U 7 J	1 d*i*gnus 2 b*i*lancem 3 b*i*s saccus 4 ord*i*nare 5 p*i*lus 6 f*i*marium 7 gob*i*onem	1 d*i*gne 2 *ba*lance 3 besace 4 ordonner 5 po*i*l 6 f*u*mier 7 gou*j*on
O	1 O 2 A 3 OI 4 EU 5 OU 6 U 7 UI	1 c*o*rpus 2 d*o*mina 3 cl*o*strum 4 c*o*lorem 5 c*o*lorem 6 m*o*rum 7 *o*strea	1 c*o*rps 2 d*a*me 3 cl*oî*tre 4 c*ou*leur 5 c*ou*leur 6 m*û*re 7 *hui*tre
U	1 U 2 A 3 E 4 EU 5 O 6 OI 7 OU 8 UI 9 V 10 F	1 d*u*rus 2 tr*u*ncare 3 j*u*niperus 4 g*u*la 5 j*u*ncus 6 cr*u*cem 7 l*u*pus 8 p*u*teus 9 vid*u*a 10 J*u*dæus	1 d*u*r 2 tr*a*ncher 3 g*e*nevrier 4 g*ueu*le 5 j*o*nc 6 cr*oi*x 7 l*ou*p 8 p*ui*ts 9 *v*euve 10 J*u*if

VOYELLES ET DIPHTONGUES latines	VOYELLES ET DIPHTONGUES FRANÇAISES correspondantes.	EXEMPLES LATINS	EXEMPLES FRANÇAIS
Æ	1 E 2 AI 3 EI 4 I 5 O	1 præsagium 2 æramen 3 balæna 4 cæpulla 5 chamæmelon	1 présage 2 airain 3 baleine 4 ciboule 6 camomille
AU	1 A 2 E 3 EU 4 O 5 OU	1 aurichalcum 2 auscultare 3 cauda 4 aurum 5 laudare	1 archal 2 écouter 3 queue 4 or 5 louer
Œ	1 E 2 EI 3 I 4 IE	1 pœnitentia 2 pœna 3 cœmeterium 4 cœlum	1 pénitence 2 peine 3 cimetière 4 ciel
OL	OU	mollis	mou
ON	OU	conventus	couvent
ACT	AIT	factus	fait
ECT	OIT	pectorale	poitrail
ICT	OIT	drictus pour directus	droit
OCT	UIT	biscoctus	biscuit
UCT	UIT	fructus	fruit

Les consonnes ne s'échangent pas entre elles, comme les voyelles et la raison en est bien simple. Les voyelles ne sont que les timbres différents de notre voix, tandis que les consonnes sont des bruits articulés.

Les rouages du mécanisme vocal qui créent les consonnes étant multiples et très-compliqués, il en résulte une difficulté très-grande à échanger un son produit par une série de phénomènes variés contre un autre son qui n'est pas le fruit de la même combinaison; aussi les permutations ont-elles lieu généralement entre les consonnes d'un même groupe.

C'est ainsi que les labiales : P — B et F — V,

Les dentales : T — D et S X — Z,

Les gutturales : K Q C — G et CH — J,

Les liquides : L — R et M — N,

s'échangent toujours avec la plus grande facilité, et cependant encore dans de certaines limites.

Il est également certain que des lettres appartenant à des groupes différents ont d'autant plus de peine à permuter entre elles, qu'elles sont dues à des jeux d'organes opposés. Il en résulte que certaines lettres ne prennent jamais la place de certaines autres lettres : que par exemple B ne devient pas F, que le T ne prend pas la place du M, que le J ne remplace pas le F, etc.

Je vais, comme je l'ai fait pour les voyelles, tracer un tableau généalogique des consonnes françaises et un tableau des transformations des consonnes latines en consonnes françaises. On pourra ainsi juger de l'ensemble de ces permutations.

Dans le premier tableau, la lettre française est prise comme type; dans le second tableau, c'est au contraire la lettre latine.

Ainsi, dans le premier tableau, que j'intitule *Tableau généalogique des consonnes françaises*, on voit d'abord les consonnes françaises classées dans la première colonne par groupe de dentales, gutturales, liquides, doubles consonnes. etc. Devant chacune de ces consonnes se trouvent dans la seconde colonne les diverses lettres latines qui ont engendré cette consonne, et, pour joindre l'exemple au précepte, la filiation est établie dans les deux colonnes suivantes par un mot français et un mot latin correspondant. J'ai eu le soin de mettre en italique les lettres qui permutent entre elles.

Dans le second tableau, que j'intitule *Tableau de la transformation des consonnes latines en consonnes françaises*, je ne remonte plus du français au latin, mais je vais au contraire du latin au français, et je fais voir par combien de lettres françaises une lettre latine est représentée en français.

En effet, pour ne citer qu'un exemple, nous verrons par le premier tableau que la lettre P française n'a été absolument engendrée que par la lettre P latine, tandis que dans le second tableau, vous verrez que la lettre P latine s'est transformée en B, en F et en V.

TABLEAU GÉNÉALOGIQUE

DES

CONSONNES FRANÇAISES

LETTRES FRANÇAISES	LETTRES LATINES	EXEMPLES	
		FRANÇAIS	LATINS
P	P	*P*ain	*p*anis
B	1 B 2 P 3 V 4 M	1 *b*on 2 *b*ruine 3 *b*ercer 4 mar*b*re	1 *b*onus 2 *p*ruina 3 *v*ersare 4 mar*m*or
F	1 F 2 PH 3 V 4 P 5 B 6 U	1 *f*acile 2 *f*aisan 3 sau*f* 4 *f*résaie 5 si*ff*ler 6 jui*f*	1 *f*acilis 2 *ph*asianus 3 sal*v*us 4 *p*ræsaga 5 si*b*ilare 6 judæ*us*
PH	PH	triom*ph*e	trium*ph*us
V	1 V 2 B 3 P 4 G 5 M 6 U	1 *v*ent 2 fè*v*e 3 chè*v*re 4 *v*irer 5 du*v*et 6 jan*v*ier	1 *v*entus 2 fa*b*a 3 ca*p*ra 4 *g*irare 5 du*m*a 6 jan*u*arius
T	1 T 2 D	1 *t*emple 2 ver*t*	1 *t*emplum 2 viri*d*is
TH	TH	*th*éâtre	*th*eatrum

— 24 —

LETTRES FRANÇAISES	LETTRES LATINES	EXEMPLES	
		FRANÇAIS	LATINS
D	1 D 2 T	1 *d*on 2 *d*onc	1 *d*onum 2 *t*unc
S	1 S 2 C 3 T 4 G 5 R	1 *s*aint 2 voi*s*in 3 poi*s*on 4 gé*s*ier 5 plu*s*ieurs	1 *s*anctus 2 vi*c*inus 3 po*t*ionem 4 *g*igeria 5 plu*r*iores
SS	1 SS 2 X 3 CH	1 fo*ss*e 2 e*ss*aim 3 paroi*ss*e	1 fo*ss*a 2 e*x*amen 3 paro*ch*ia
X	1 X 2 S 3 C	1 si*x* 2 rou*x* 3 pai*x*	1 se*x* 2 ru*ss*us 3 pa*c*em
Z	1 S 2 C	1 ne*z* 2 lé*z*ard	1 na*s*us 2 la*c*erta
C dur	1 C 2 Q 3 T	1 *c*ec 2 *c*ar 3 *c*raindre	1 *s*iccus 2 *q*uare 3 *t*remere
C doux	1 C 2 G 3 S 4 T	1 *c*iel 2 gen*c*ive 3 *c*idre 4 gra*c*ieux	1 *c*œlum 2 gen*g*iva 3 *s*icera 4 gra*t*iosus
K			
Q	1 C 2 CH 3 Q	1 *q*ueue 2 con*q*ue 3 *q*uel	1 *c*auda 2 con*ch*a 3 *q*ualis
G dur	1 G dur 2 C dur 3 Q 4 V	1 *g*oût 2 *g*ras 3 é*g*al 4 *g*uêpe	1 *g*ustus 2 *c*rassus 3 æ*q*ualis 4 *v*espa
G doux	1 G 2 J 3 D 4 Z	1 *g*encive 2 *g*énisse 3 or*g*e 4 *g*ingembre	1 *g*ingiva 2 *j*unicem 3 or*d*eum 4 *z*inziberis
	1 J 2 G 3 I 4 Z	1 *j*eune 2 *j*atte 3 gou*j*on 4 *j*ujube	1 *j*uvenis 2 *g*abata 3 go*b*ionem 4 *z*iziphum

Les exemples donnés ici pourraient être beaucoup plus nombreux.

Je ferai seulement remarquer, à propos du *c* dur, que tantôt il s'est maintenu tantôt il s'est transformé en *g*, de façon que le même mot latin a produit, selon le plus ou moins de douceur de la prononciation, deux mots différents. Exemples : *Coquus, queux* et *gueux*; *crassus, crasse* et *gras*, etc.

LETTRES FRANÇAISES	LETTRES LATINES	EXEMPLES	
		FRANÇAIS	LATINS
J	5 C 6 DI	5 *j*ante 6 *j*our	5 *c*amitem 6 *di*urnum
CH	1 I 2 G dur 3 C dur 4 X	1 a*ch*e 2 par*ch*emin 3 *ch*ose 4 lâ*ch*er	1 ap*i*um 2 per*g*amenum 3 *c*ausa 4 la*x*are
H	1 H 2 F	1 *h*omme 2 *h*ors	1 *h*ominem 2 *f*oris
R	1 R 2 L 3 S 4 N	1 *r*oi 2 *r*ossignol 3 o*r*fraie 4 diac*r*e	1 *r*egem 2 *l*usciniola 3 os*s*-fraga 4 diaco*n*us
RR	1 RR 2 TR 3 DR	1 na*rr*er 2 la*rr*on 3 ca*rr*é	1 na*rr*are 2 la*tr*onem 3 qua*dr*atum
L	1 L 2 R 3 N	1 *l*ettre 2 crib*l*e 3 orphe*l*in	1 *l*ittera 2 crib*r*um 3 orpha*n*inus
LL	1 L 2 LIA 3 LEA 4 CL 5 GL 6 TL 7 NIA 8 CHL	1 cai*ll*e 2 aumai*ll*e 3 pai*ll*e 4 abei*ll*e 5 cai*ll*er 6 sei*ll*e 7 entrai*ll*es 8 trei*ll*e	1 quaqui*l*a 2 anima*li*a 3 pa*l*ea 4 api*cul*a 5 coa*gul*are 6 si*tul*a 7 intra*ni*a 8 tri*chi*la
M	1 M 2 N 3 B	1 *m*ain 2 a*m*ertume 3 sa*m*edi	1 *m*anus 2 a*m*aritudinem 3 sa*bb*ati-dies
MM	1 MM 2 MN	1 fla*mm*e 2 so*mm*e	1 fla*mm*a 2 so*mn*us
N	1 N 2 M 3 L	1 *n*ez 2 *n*appe 3 *n*iveau	1 *n*asus 2 *m*appa 3 *l*ibella
NN	1 NN 2 MN 3 GN	1 i*nn*ocent 2 colo*nn*e 3 co*nn*aître	1 i*nn*ocentem 2 colu*mn*a 3 co*gn*oscere
GN	1 GN dur 2 NI	1 a*gn*eau 2 cico*gn*e	1 a*gn*ellus 2 cico*ni*a

Nota. — Le chuintement d'origine celtique a transformé un grand nombre de mots. Nous citerons : *cheval* (caballus), *chèvre* (capra), *chef* (caput), *chauve* (calvus), *bouche* (bucca), etc. Grâce à ce chuintement, le même mot latin a produit deux mots différents, comme : *champ* et *camp*, *canal* et *chenal*, *cape* et *chape*, *caleçon* et *chausson*, *case* et *chez*; c'est par le chuintement que souvent le *c* s'est transformé en j ou en g. Ainsi *formaticum* a dû faire d'abord *formatc*, puis *formatche*, ensuite *formatje*, enfin *formage*.

TABLEAU

DE LA

TRANSFORMATION DES CONSONNES LATINES EN CONSONNES FRANÇAISES

LETTRES LATINES	LETTRES FRANÇAISES	EXEMPLES LATINS	EXEMPLES FRANÇAIS
P	1 P 2 B 3 F 4 V	1 *patria* 2 *duplex* 3 *præsaga* 4 *aprilis*	1 *patrie* 2 *double* 3 *fresaie* 4 *avril*
B	1 B 2 V 3 F	1 *bonus* 2 *gubernare* 3 *sibilare*	1 *bon* 2 *gouverner* 3 *siffler*
V	1 V 2 F 3 G	1 *vinum* 2 *cervus* 3 *vespa*	1 *vin* 2 *cerf* 3 *guêpe*
T	1 T 2 D 3 S 4 C	1 *talis* 2 *tunc* 3 *potionem* 4 *tremere*	1 *tel* 2 *donc* 3 *poison* 4 *craindre*
P	1 D 2 T	1 *Deus* 2 *viridis*	1 *Dieu* 2 *vert*
S	1 S 2 C 3 Z 4 R	1 *sanctus* 2 *versare* 3 *nasus* 4 *ossifraga*	1 *saint* 2 *bercer* 3 *nez* 4 *orfraie*
C doux	1 C 2 S 3 Z 4 X 5 T 6 G doux	1 *cœlum* 2 *cingulum* 3 *lacerta* 4 *pacem* 5 *carcerem* 6 *locare*	1 *ciel* 2 *sangle* 3 *lézard* 4 *paix* 5 *chartre* 6 *loger*
Z	1 G 2 J	1 *zaberna* 2 *zizyphum*	1 *giberne* 2 *jujube*
X	1 SS 2 CH	1 *examen* 2 *laxare*	1 *essaim* 2 *lâcher*
F	1 F 2 H	1 *frumentum* 2 *foras*	1 *froment* 2 *hors*
C dur	1 C 2 CH 3 G 4 S	1 *conventus* 2 *causa* 3 *acutus* 4 *vicinus*	1 *couvent* 2 *chose* 3 *aigu* 4 *voisin*
Q	1 QU 2 C dur 3 G	1 *qualis* 2 *quare* 3 *aquila*	1 *quel* 2 *car* 3 *aigle*

LETTRES LATINES.	LETTRES FRANÇAISES.	EXEMPLES LATINS	EXEMPLES FRANÇAIS
G	1 G 2 J 3 C 4 CH 5 S 6 V	1 gustus 2 gemellus 3 gengiva 4 pergamenum 5 gigeria 6 gyrare	1 goût 2 jumeau 3 gencive 4 parchemin 5 gésier 6 virer
J	1 J 2 G	1 juvenis 2 junicem	1 jeune 2 génisse
CH	C dur.	character	caractère
H	H	hominem	homme
L	1 L 2 R 3 N	1 lingua 2 lusciniola 3 posterula	1 langue 2 rossignol 3 poterne
M	1 M 2 N 3 B	1 mare 2 mappa 3 marmorem	1 mer 2 nappe 3 marbre
N	1 N 2 M 3 R 4 L	1 dignus 2 incudinem 3 ordinem 4 orphaninus	1 digne 2 enclume 3 ordre 4 orphelin
R	1 R 2 L 3 S	1 rationem 2 cribrum 3 pluriores	1 raison 2 crible 3 plusieurs
BR	UR	fabrica	faurge, *auj.* forge
BT	D	cubitus	coude
CL	IL	apicula	abeille
GN dur	GN mouillé	agnellus	agneau
GL	IL	tegula	tuile
MN	MM	femina	femme
NM	M	anima	âme
PL	IL	scopulus	écueil
TL	IL	vetulus	vieil

Parmi les phénomènes philologiques qu'on ne peut passer sous silence, on doit signaler la tendance qu'ont certaines lettres à s'ajouter ou à disparaître dans le travail de formation.

DE L'ADDITION DES LETTRES

L'addition des lettres dans un mot a lieu de trois manières différentes : au commencement du mot, ou *prosthèse*, au milieu du mot, ou *épenthèse* ; à la fin du mot, ou *épithèse*.

EXEMPLES DE PROSTHÈSES

Amita	t ante (1)
Uvetta	l uette
Vivulæ	a vives
Hedera	l ierre
Bea	a bée
Sperare	e spérer
Scala	é chelle
Stare	e ster
Scandalum	e sclandre
Spica	é pi
Spatha	é pée
Spina	é pine
Struthis	au truche
Ranuncula	g renouille

EXEMPLES D'ÉPENTHÈSES

Pœonia (2)	pi(v)oine (3)
Domitare	dom(p)ter
Humilis	hum(b)le
Numerus	nom(b)re
Cumulus	com(b)le
Tremulare	trem(b)ler
Camera	cham(b)re
Ponere	pon(d)re
Minor	moin(d)re
Spinula	épin(g)le
Perdicem	perd(r)ix
Funda	f(r)onde
Phaseolctus	f(l)ageolet
Labrusca	la(m)bruche
Locusta	la(n)gouste
Laterna	la(n)terne
Thesaurus	t(r)ésor

(1) La lettre séparée est celle qui a été ajoutée par prosthèse.
(2) La voyelle en italique est celle qui est tombée comme atone et a été remplacée par une consonne épenthétique.
(3) La consonne entre parenthèses est celle qui est entrée dans le mot au moment de la formation, en remplacement de la voyelle atone.

EXEMPLE D'ÉPITHÈSE

Sine   san *s*

DE LA SOUSTRACTION DES LETTRES

La soustraction des lettres s'effectue soit au commencement du mot, ce que l'on appelle *aphérèse*, soit au milieu, ce que l'on appelle *syncope*, soit à la fin, ce que l'on appelle *apocope*.

La syncope a lieu toutes les fois que tombe une consonne médiane ou une voyelle atone ; nous avons donné assez d'exemples pour ne plus y revenir.

L'apocope est la chute d'une lettre simple ou d'une syllabe, comme *scut um*, qui aurait dû faire *escut*, et que l'on écrit *écu* (*t*). De même *aigu*, de *acut us; nu*, de *nud us*, etc., etc.

L'aphérèse se produit toutes les fois que la première lettre du mot-type tombe en passant de la langue mère à la langue dérivée.

EXEMPLES D'APHÉRÈSES

Apothecarius	(a) boutiquier
Adamantem	(a) diamant
Apulia	(a) pouille
Aquitania	(A) Guyenne
Eruca	(E) Roquette
Egerius	(E) Gers
Ille	(il) le
Illa	(il) la
Illorum	(il) leur
Oryza	(o) riz
Ptisana	(p) tisane
Pneuma	(p) neume
Glirem	(G) Loir
Scadafalcum	(s) catafalque

Tels sont les principaux phénomènes que l'on a constatés en comparant les mots français aux mots latins correspondants.

---

(1) La lettre italique est celle qui a été ajoutée à la formation.

Dans l'étude qui va suivre, j'ai écrit les mots latins comme les soldats gallo-romains de la décadence n'en propageaient que trop dans leurs camps, sans me préoccuper par conséquent des règles de la grammaire, qui n'ont rien à voir ici. Il ne faut pas oublier qu'à l'époque où le latin a engendré le français, il était devenu méconnaissable à force d'être corrompu, et que la majorité de ceux qui parlaient latin violaient, sans le savoir, les règles les plus élémentaires de l'orthographe, de la syntaxe et de la prononciation.

La première ligne est le texte français de La Fontaine.

La seconde ligne contient le texte latin, arrangé de façon à ce que chaque mot-type soit placé immédiatement au-dessous du mot français correspondant.

La troisième ligne renferme les mots latins dépouillés, si je puis m'exprimer ainsi, de leur costume antique. De cette façon on peut comparer le mot français actuel avec sa forme primitive et le moule latin dont il est sorti, et comprendre immédiatement les lois de transformation qu'avaient subies les mots en passant du latin au français. Je signale surtout à l'attention du lecteur cette deuxième ligne interlinéaire, qui contient les mots qui ne sont plus latins, mais qui ne sont pas encore français, puisque les lettres tombées et les finales disparues sous l'empire des lois que j'ai signalées plus haut sont remplacées par des apostrophes ou des lettres en italique.

J'ai eu le soin 1° de mettre un trait sous les mots d'origine étrangère au latin ; 2° de placer entre parenthèses les mots latins qui n'avaient pas engendré directement les mots français ; la forme française de ces mots s'étant constituée soit par assimilation avec d'autres mots de même physionomie et provenant directement du latin, soit par la dérivation régulière d'un type latin barbare, dernier rejeton du mot placé entre parenthèse ; 3° d'imprimer en italique les mots qui n'ont été employés qu'à l'époque de la décadence. J'ai été très-sobre dans l'emploi de ces mots, car ils proviennent soit de langues étrangères, celtique ou germanique, soit de types plus purs auxquels je préfère renvoyer et qui rentrent dans la catégorie de ceux que je mets entre parenthèses.

Lorsque l'œil du lecteur sera habitué à lire les trois lignes à la fois, comme le pianiste les deux portées de son morceau, il saisira avec une rapidité merveilleuse les nuances de la transformation, et il pourra dire, en fermant ce livre, que la linguistique est aujourd'hui une science exacte, qui a pour bases des règles absolues et incontestables.

EXPLICATION DES SIGNES

⁕ Lettre latine disparue.

— Placé au-dessous d'un mot qui n'est pas d'origine latine.

( ) Mot latin qui a donné naissance soit à un autre mot latin de formation barbare, soit à un mot français de formation relativement moderne.

Italique Les lettres en italique sont les lettres qui permutent (*por* pour *pro*) ou se transforment ($a = e$, $i = j$, etc.). Les mots en italique sont des mots qui n'appartiennent pas à la latinité classique.

PREMIER LIVRE

DES

FABLES DE LA FONTAINE

I

La Cigale et la Fourmy

La Cigale ayant chanté
Illam Cicadulam habentem cantatum
'la Cicad'le' ha'ent' cantat'

  Tout l'Esté,
  Totam illam Æstatem,
  Tote' 'la' Æstat',

Se trouva fort dépourveuë
 Se turbavit fortè (providere)
 Se truba't fort' —

Quand la Bize fut venuë.
 Quando illa — fuit (venire).
 Quand' 'la — fu't —

Pas un seul petit morceau
 Passus unum solum — *morsellum*
 Pass' un' sol' — morsel'

De mouche ou de vermisseau.
 De muscam aut de *vermicellum*.
 De musc(h)e' au' de vermicel'.

Elle alla crier famine
 Illa adnavit quiritare (fames)
 Elle adna't q'ri'ar' —

Chez la Fourmy sa voisine;
 Casa illam Formicam suam vicinam;
 C(h)as' 'la' Formic' s'a' voicine';

La priant de luy prêter
Illam precantem de illuic præstare
'la' pri'ant' de 'lui' præstar'

Quelque grain pour subsister
Qualemque granum pro subsistare
Qual'que gran' por subsister'

Jusqu'à la saison nouvelle.
De usque ad illam sationem novellam.
Djusque a' 'la' sation' novelle'.

Je vous payray, luy dit-elle,
Ego vos pacare habeo, illuic dicit illam,
E'o vos pa'ar' ha'e', 'lui' dic't elle',

Avant l'Oust, foy d'animal,
Ab ante illum Augustum, fidem de animale,
Avant' 'lu' Au'ust,' foid' de animal',

Interest et principal.
Interest et principalem.
Interest et principal'.

La Fourmy n'est pas prêteuse ;
Illam Formicam non est passus (præstator) :
'la' Formic' nen est pass' ...

C'est là son moindre défaut.
Ecce hoc est illac suum minor (fallere)
'cç'ho' est 'la' su'm min'r —

Que faisiez-vous au temps chaud ?
Quam faciebatis vos ad illum tempus calidum ?
Que' facie'at's vos a' 'lu' temp's cal'd' ?

Dit-elle à cette emprunteuse.
Dicit illam ad ecc'istam (promutuum.)
Dic't elle' a' 'cç'iste' ...

Nuit et jour à tout venant
Noctem et diurnum ad totum venientem
Noct' et djurn' a' tot' venient'

Je chantois, ne vous déplaise.
Ego cantabam, non vos displaceat.
E'o canta'a', nen vos desplace'.

Vous chantiez ? j'en suis fort aise ;
Vos cantabatis ? Ego inde sum forte —
Vos canta'at's ? E'o ind' su' fort' —

Eh bien, dansez maintenant.
Eh bene, — manu tenente.
Eh ben', — man' tenent',

II

Le Corbeau et le Renard

Maistre Corbeau sur un arbre perché,
Magistrum Corvellum super unum arbor (pertica),
Ma'istr' Corvel' sup'r un' arb'r —

Tenoit en son bec un fromage.
Tenebat in suum *beccum* unum formaticum.
Tene'at in' su'm bec' un' format'c(h).

Maistre Renard par l'odeur alleché,
Magistrum — per illam odorem allectatum,
Ma'istr' — per 'la' odor' allec(h)at',

Luy tint à peu près ce langage :
Illuic tenuit ad paucum pressè ecce hoc (lingua) :
'lui' ten't a' pauc' press' 'cç' ho' ...

Et bon jour, Monsieur du Corbeau :
Et bonum diurnum, meum Seniorem de illum Corvellum :
Et bon' djurn', m'um Senior' de 'll' Corvel' :

Que vous estes joly ! que vous me semblez beau !
Quam vos estis — quam vos me simulatis bellum !
Que' vos est's —. que' vos me sim'lat's bel' !

Sans mentir si vostre ramage
Sine mentire si vostrum (rama)
Sin' mentir' si vostr' —

Se rapporte à vostre plumage,
Se reapportat ad vostrum (pluma),
Se r'apporte' a' vostr' —

Vous estes le Phœnix des hostes de ces Bois.
Vos estis illum Phœnicus de illos hospites de ecce istos —
Vos est's 'lu' Phœnic's de 'los hosp't's de 'cç' ist's —

A ces mots le Corbeau ne se sent pas de joye :
Ad ecce istos muttos illum Corvellum non se sentit passus de gaudiam :
A' 'cç' ist's mutt's 'lu' Corvel' rea se sent' pass' de gau'ie' :

Et pour monstrer sa belle voix,
Et pro monstrare suam bellam vocem,
Et por monstrar' s'a' bel'e' voc',

Il ouvre un large bec, laisse tomber sa proye.
Ille aperit unum largum *beccum*, laxat — suam prædam.
Il' ap're' un' larg' bec', lasse' — s'a' præ'e'.

Le Renard s'en saisit, et dit ; Mon bon Monsieur,
Illum — se inde — et dicit · Meum bonum meum Seniorem,
'lu' — se ind' — et dic't : M'um bon' m'um Senior',

Apprenez que tout flateur
Apprendetis quam totum —
Apprendet's que' tot' —

Vit aux dépens de celuy qui l'écoute.
Vivit ad illos (dispendere) de eccilluic qui illum auscultat.
Viv't a' 'l's — de 'cçi'lui' qui 'lu' ausculte'.

Cette leçon vaut bien un fromage, sans doute.
Eccistam lectionem valet bene unum formaticum, sine (dubitare).
'cç'iste' lection' val't ben' un' format'c(h)', sin' —

Le Corbeau honteux et confus
Illum Corvellum — et confusum
'lu' Corvel' — et confus'

Jura, mais un peu tard, qu'on ne l'y prendroit plus.
Juravit, magis unum paucum tarde, quam homo non illum ibi prendere habebat plus.
Jura't, ma'is un' pauc' tard', que' hom' nen 'lu' i' prend'r' ha'e'at plus.

III

La Grenoüille qui veut se faire aussi grosse que le Bœuf

Une Grenoüille vid un Bœuf
Unam Ranunculam vidit unum Bovem
Une' Ranu'c'le' vid't un' Bov'

Qui luy sembla de belle taille.
Qui illuic simulavit de bellam (talea).
Qui 'lui' sim'la't de belle' —

Elle qui n'estoit pas grosse en tout comme un œuf,
Illam qui non stabat passus grossam in totum quomodo unum ovem,
Elle' qui nen (e)sta'at pass' grosse' in tot' quom' un' ov',

Envieuse s'estend, et s'enfle, et se travaille,
Invidiosam se extendit, et se inflat, et se (trabs),
Invi'iose' se extend't, et se infle', et se —

Pour égaler l'animal en grosseur;
Pro (æqualis) illum animalem in (grossus);
Por — 'lu' animal in —;

Disant, Regardez bien ma sœur,
Dicentem, — bene meam soror.
Dicent', — ben' m'a' sor'.

Est-ce assez? dites-moy: N'y suis-je point encore?
Est eccc hoc adsatis? dicitis me: Non ibi sum ego punctum hanc horam?
Est 'cç' ho' adsat's? dic't's me: Nen ib' su' e'o punct' hanc hors'?

Nenny. M'y voicy donc? Point du tout. M'y voilà?
Non illud. Me ibi vides ecce hic tunc? Punctum de illum totum. Me ibi vides illac?
Nen ill'. Me ib' void's 'cç' hi' dunc? Punct' de 'll' tot'. Me ib' void's 'la'?

Vous n'en approchez point. La chetive pecore
Vos non inde appropiatis punctum. Illam captivam pecorem
Vos nen ind' appropjat's punct'. 'la c(h)aptive' pecore'

S'enfla si bien qu'elle creva.
Se inflavit si bene quam illa crepavit.
Se infla't si ben' que elle crepa't.

Le monde est plein de gens qui ne sont pas plus sages :
Illum mundum est plenum de gentes qui non sunt passus plus sapios :
'lu' mund' est plen' de gent's qui nen sunt pas' plus sajjes ;

Tout Bourgeois veut bastir comme les grands Seigneurs ;
Totum Burgensem vult — quomodo illos grandes Seniores ;
Tot' Burge's' vult — quom' 'los grand's Senior's ;

Tout petit Prince a des Ambassadeurs ;
Totum — principem habet de illos —
Tot' — Princ' hab't de 'll's —

Tout Marquis veut avoir des Pages.
Totum — vult habere de illos —
Tot' — vult haber' de 'll's —

IV

Les deux Mulets

Deux Mulets cheminoient ; l'un d'avoine chargé ;
Duos (Mulus) — Illum unum de avenam carricatum
D'os — — 'lu' un' de avene' c(h)ar'cat' ;

L'autre portant l'argent de la Gabelle.
Illum alter portantem illum argentum de illam —
'lu' alt'r portant' 'lu' argent' de 'la' —

Celuy-cy glorieux d'une charge si belle,
Eccillui ecce hic, gloriosum de unam (carrus) si bellam.
'ccil'ui' 'cç' hi', glorios' de une' — si belle',

N'eust voulu pour beaucoup en estre soulagé
Non habuisset (velle) pro (bellum colaphum) inde essere subleviatum.
Nen ha'ui's't — por bel' col'p' ind' ess're suble'jat'.

Il marchoit d'un pas relevé,
Ille (marcus) de unam passum relevatum,
Il' — de un' pass' relevat',

Et faisoit sonner sa sonnette ;
Et faciebat sonare suam (sonare);
Et facie'at sonar' s'a' —

Quand l'ennemy se presentant,
Quando illum inimicum se prœsentantem,
Quand' 'lu' in'mic' se présentant',

Comme il en vouloit à l'argent,
Quomodo ille inde volebat ad illum argentum,
Quom' 'il' ind' vole'at a' 'lu' argent',

Sur le Mulet du fisc une troupe se jette,
Super illum (Mulus) de illum fiscum unam — se jacit,
Sup'r 'lu' — de 'lu' fisc' une' — se jac't,

Le saisit au frein, et l'arreste.
Illum — ad illum frenum, et illum adrestat.
'lu' — a' 'lu' fren', et 'lu' adrestè'.

Le Mulet, en se défendant,
illum (Mulus), in se defendentem,
'lu' — in se defendent',

Se sent percer de coups, il gemit, il soûpire ;
Se sentit — de colaphos : ille gemit, ille suspirat.
Se sent' — de col'p's : il' gemit, il' suspire'.

Est-ce donc là, dit-il, ce qu'on m'avoit promis ?
Est ecce-hoc tunc illac, dicit ille, ecce hoc quam homo me habebat promissum ?
Est 'cç' ho' dunc 'la', dic't il', 'cç' ho' que' hom' me habe'at promis'?

Ce Mulet qui me suit du danger se retire ;
Ecce hoc (Mulus) qui me sequit de illum *dominiarium* se —
'cç' ho' — qui me se'uit de 'll' dom'njar' se —

Et moi j'y tombe et je peris.
Et me ego ibi — et ego (perire).
Et me e'o ib' — et e'e —

Amy, luy dit son camarade,
Amicum, illuic dicit suum (camera,)
Amic', 'lui' dic't s'um —

Il n'est pas toûjours bon d'avoir un haut employ :
Ille non est passus totum diurnum bonum de habere unum altum implicitum :
Il' nen est pass' tot' djurn' bon' de haber un' alt' impli'it' :

Si tu n'avois servy qu'un Meusnier, comme moy,
Si tu non habebas servitum quam unum molinarium, quomodo me,
Si tu nen habe'as servit' que' un' mol'nîar', quom' me

Tu ne serois pas si malade.
Tu non essere habebas passus si malè aptum.
Tu non esser' ha'e'as pass' si mal' apt'.

V

Le Loup et le Chien

Un Loup n'avoit que les os et la peau;
Unum Lupum non habebat quam illos ossa et illam pellem
Un Lup' nen habe'at que' 'los os' et 'la' pel';

Tant les Chiens faisoient bonne garde.
Tantum illos Canes faciebant bonam —
Tant' 'los Can's facie'ant bone —

Ce Loup rencontre un Dogue aussi puissant que beau,
Ecce hoc Lupum (in contra) unum — aliud sic *possentem* quam bellum,
cq' ho' Lup' — un' — al' si' possent' que' bel',

Gras, poly, qui s'estoit fourvoyé par mégarde.
Crassum, politum, qui se stabat (foris via) per —
Crass', polit', qui se (e)sta'at — per —

L'attaquer, le mettre en quartiers,
Illum — illum mittere in *quartarios*,
'lu' — 'lu' mett're in quartiar's,

Sire Loup l'eust fait volontiers :
Senior Lupum illum habuisset factum voluntarie :
Sen'r Lup' 'lu' ha'uis't fact' voluntier' :

Mais il faloit livrer bataille;
Magis ille fallebat liberare battalia.
Ma'is il' falle'at lib'rer' batalie.

Et le Mâtin estoit de taille
Et illum *Mansatinum* stabat de (talea)
Et 'lu' Mans'tin' (e)sta'at de —

A se défendre hardiment.
Ad se defendere —
A' se defend're —

Le Loup donc l'aborde humblement,
Illum Lupum tunc illum — humilimente,
'lu' Lup' dunc 'lu' — hum'lement',

Entre en propos, et luy fait compliment
Intrat in propositum, et illuic facit (complere)
Intre' in propos't', et 'lui' fac't —

Sur son embonpoint qu'il admire.
Super suum in bonum punctum quam ille admirat.
Sup'r s'um in bon' punct' que' il' admire'.

Il ne tiendra qu'à vous, beau Sire,
Ille non tenere habet quam ad vos, bellum Senior,
Il' nen ten're hab't que' a' vos, bell' Sen'r,

D'estre aussi gras que moy, lui repartit le Chien :
De essere aliud sic crassum quam me, illuic (partiri) illum Canem :
De ess're al' si' crass' que' me, 'lui' — 'lu' Can':

Quittez les bois, vous ferez bien :
(Quietus) illos — vos facere habetis benè :
— 'los — vos faç're ha'et's ben' ;

Vos pareils y sont miserables,
Vos *pariculos* ibi sunt miserabiles,
Vos paric'l's ib' sunt miserab'les,

Cancres, haires, et pauvres diables ;
Canceres, — et pauperes diabolos ;
Canc'res, — et paup'res diab'l's ;

Dont la condition est de mourir de faim.
De undè illam conditionem est de morire de famem.
D' und' 'la' condition' est de morir' de fam'.

Car quoy ? Rien d'assuré, point de franche lipée ;
Quare quid ? Rem de assecuratum, punctum de — —
Quar' quoi ? Rem de asse'urat', punct' de — —

Tout à la pointe de l'épée :
Totum ad illam punctam de illam spatham :
Tot' a' 'la' punct' de 'la' (e)spa's' :

Suivez-moy ; vous aurez un bien meilleur destin.
Sequitis me ; vos habere habetis unum bene meliorem (destinare).
Se'uit's me ; vos haber' ha'et's un' ben' melior' —

Le Loup reprit : Que faut-il faire ?
Illum Lupum *reprendit* : Quam fallit illem facere ?
'lu' Lup' reprend't : Que' fall't il' faç're ?

Presque rien, dit le Chien ; donner la chasse aux gens
Pressusquam rem, dicit illum Canem : donare illam — ad illos gentes
Press' que' rem, dic't 'lu' Can' ; donar' 'la' — a' 'll's gent's

Portans bastons, et mendians ;
Portantes — et mendicantes ;
Portant's — et mendi'ant's ;

Flater ceux du logis ; à son Maistre complaire ;
— eccillos de illum — ad suum Magistrum complacere ;
— 'ccill's de 'll' — a' s'um Ma'istr' complaç're ;

Moyennant quoy votre salaire
(Medianus) quid vostrum salarium
— quoi' vostr' salair'

Sera force reliefs de toutes les façons ;
Essere habet *fortiam* (relevare) de totas illas factiones ;
Esser' hab't force' — de tot's 'les faction's :

Os de poulets, Os de pigeons,
Ossa de (pulla), Ossa de pipiones,
Os' de — Os' de pipjon's,

Sans parler de mainte caresse.
Sine *parabolare* de — (carus).
Sin' para'olar' de — —

Le Loup déja se forge une felicité
Illum Lupum de ipso jam se fabricat unam felicitatem
'lu' Lup' de ips' ja' se faur'c(h) une' felicitat'

Qui le fait pleurer de tendresse.
Qui illum facit plorare de (tener)
Qui 'lu' fac't plorar' de —

Chemin faisant il vid le col du Chien, pelé :
Caminum facientem, ille vidit illum collem de illum Canem, pilatum :
Camin' facient', il' vid't 'lu' col' de 'll' Can', pilat' :

Qu'est-ce là? luy dit-il. Rien. Quoy rien? Peu de chose.
Quam est ecce-hoc illac? illuic dicit ille. Rem. Quid rem? Paucum de causam.
Que' est 'cç' ho' 'la'? 'lui' dic't 'il'. Rem. Quoi' rem? Pauc' de cause'

Mais encor? Le collier dont je suis attaché,
Magis hanc horam? illum collarium de unde ego sum —
Ma'is hanc hore'? 'lu' colliar' d' und' e'o su' —

De ce que vous voyez est peut-estre la cause.
De ecce hoc quam vos videtis est potest essere illam causam.
De 'cç' ho' que' vos vi'et's est pot'st ess're 'la' cause'.

Attaché? dit le Loup : vous ne courez donc pas
— dicit illum Lupum : vos non curretis tunc passus
— dic't 'lu', Lup' : vos nen curret's dunc pass'

Où vous voulez? Pas toûjours, mais qu'importe?
Ubi vos voletis? Passus totum diurnum, magis quem importat?
U' vos volet's? Pass' tot' djurn', ma'is que' import'?

Il importe si bien, que de tous vos repas
Ille importat si bene, quam de totos vos *repastus*
Il' importe' si ben', que' de tot's vos repast's

Je ne veux en aucune sorte;
Ego non volo in aliquem unam —
E'o nen vol' in al'que' une' —

Et ne voudrois pas mesme à ce prix un tresor.
Et non *volere* habebam passus metipsimum ad ecce hoc pretium unum thesaurum.
Et nen vol're ha'e'a' pass' me'ips'm' a' 'cç' ho' pres' un' thesaur'.

Cela dit, Maistre Loup s'enfuït, et court encor.
Ecce hoc illac dictum, Magistrum Lupum se inde fugit, et currit hanc horam.
'cç' ho' 'la' dict', Ma'istr' Lup' se ind' fu'it, et curr't hanc hore'.

VI

La Génisse, la Chevre, et la Brebis, en societé avec le Lion

La Genisse, la Chevre, et leur sœur la Brebis,
Illam Junicem, illam Capram, et illorum soror illam Vervicem,
'la Junice', 'la' Capre', et 'lor' sor' 'la Vrevic',

Avec un fier Lion, Seigneur du voisinage,
Ab hoc unum ferum Leonem, Seniorem de illum vicinaticum,
Av hoc un' fer' Leon', Senior' de 'lu' vicinat'o(h)',

Firent societé, dit-on, au temps jadis,
Fecerunt societatem, dicit homo, ad illum tempus jam dies,
Fe'ir'nt societat', dic't hom', ad 'lu' temp's ja' di's,

Et mirent en commun le gain et le dommage.
Et mitterunt in communum illum — et illum damnaticum.
Et mit'r'nt in commun' 'lu' — et 'lu' damnat'c(h).

Dans les laqs de la Chevre un Cerf se trouva pris ;
De intus illos laqueos de illam Capram unum Cervum se turbavit prensum ;
D' int's 'los laq's de 'lla' C(h)apre' un' Cerv' se truba't prens' :

Vers ses associez aussi-tost elle envoye :
Versus suos associatos alterum sic tostum illa inviat :
Vers' s'os associat's altr' si' tost' elle invoie' :

Eux venus, le Lion par ses ongles conta,
Illos (venire), illum Leonem per suos ungulos computavit,
Ill's — 'lu' Leon' per s'os ung'l's comp'ta't,

Et dit : Nous sommes quatre à partager la proye ;
Et dixit : Nos sumus quatuor ad (pars) illam prædam ;
Et dic't : Nos sum's qual'r a' — 'la' præ'e' :

Puis en autant de parts le Cerf il dépeça :
Post in aliud tantum de partes illum Cervum ille (petium) :
Pos' in al' tant de part's 'lu' Cerv' il' —

Prit pour luy la premiere en qualité de Sire ;
Prensit pro illuic illam primariam in qualitatem de Senior
Prens't por 'lui' 'la' primiere' in. qualitat' de Sen'r ;

Elle doit estre à moy, dit-il, et la raison,
Illam debet essere ad me, dicit ille, et illam rationem,
Elle' deb't ess're a' me, dic't ill', et 'la' ration',

  C'est que je m'appelle Lion :
  Ecce hoc est quam ego me appello Leonem·
  'cc' ho' est que' e'o me appell' Leon' :

  A cela l'on n'a rien à dire.
  Ad ecce-hoc illac illum homo non habet rem ad dicere.
  A' 'ca ho' 'la' 'lu' hom' nen hab't rem a' dic're.

La seconde par droit me doit échoir encor :
Illam secundam per directum me debet *excadere* hanc horam :
'lla' secunde' per d'rect' me deb't exc(h)a'er' hanc hore' :

Ce droit, vous le sçavez, c'est le droit du plus fort.
Ecce hoc directum, vos illum sapetis, ecce hoc est illum directum de illum plus fortem.
'cç' ho' d'rect', vos 'lu' sapet's, 'cç' ho' est 'lu' d'rect' de 'lu' plus fort'.

Comme le plus vaillant je prétens la troisiéme,
Quomodo illum plus valentem, ego prætendo illam (tres),
Quom' 'lu' plus valent', e'o prætend' 'la' —

Si quelqu'une de vous touche à la quatriéme,
Si qualemque unam de vos — ad illam (quatuor)
Si qual'que une' de ves — a' 'la' —

Je l'étrangleray tout d'abord.
Ego illum strangulare habeo totum de —
E'o 'lu' (e)strang'lar' ha'e' tot' de —

VII

La Besace

Jupiter dit un jour : Que tout ce qui respire,
Jupiter dicit unum diurnum : Quam totum ecce hoc qui respirat,
Jupiter dic't un' djurn' : Que' tot' 'cç' ho' qui respire',

S'en vienne comparoistre aux pieds de ma grandeur :
Se inde veniat comparescere ad illos pedes de meam (grandis) :
S' ind' viene' comparesc're a' 'll's ped's de m'a' —

Si dans son composé quelqu'un trouve à redire,
Si de intus suum compausatum qualemque unum turbat ad redicere,
Si d' int's su'm compausat' qual'que un' trube' a' rediç're,

Il peut le declarer sans peur :
Ille potest illum declarare sine pavorem :
Il' pot' 'lu' declarar' sin' pa'or' :

Je mettray remede à la chose.
Ego mittere habeo remedium ad illam causam.
E'o mitter' ha'e' remed' a' 'la' cause'.

Venez Singe, parlez le premier, et pour cause.
Venite Simium, *parabolatis* illum primarium, et pro causam.
Venit' Simj', para'olat's 'lu' primar', et por cause'.

Voyez ces animaux ; faites comparaison
Videtis ecce istos (animal); facetis comparationem
Vi'et's 'cç' ist's — faç't's comparation'

De leurs beautez avec les vostres :
De illorum (bellus) ab hoc illos vostros :
De 'lor' — ae hec 'los vostr's :

Estes-vous satisfait? Moy? dit-il, pourquoy non?
Estis vos satisfactum? Me? dicit ille, pro quid non?
Est's vos satisfact'? Me? dic't il', por quoi' non?

N'ay-je pas quatre pieds aussi-bien que les autres?
Non habeo ego passus quatuor pedes alterum sic bene quam illos alteros?
Nen ha'e' e'o pass' quat'r ped's alt'r' si' ben' que' 'los alt'r's?

Mon portrait jusqu'icy ne m'a rien reproché :
Meum (tractus) de usque ecce hic non me habet rem (prope)
M'um — d'usqu' 'cç' hi' nen me hab't rem —

Mais pour mon frere l'Ours, on ne l'a qu'ébauché :
Magis pro meum fratrem illum Ursum, homo non illum habet quam —
Ma'is por m'um fra're' 'lu' Urs', hom' nen 'lu' hab't que' —

Jamais, s'il me veut croire, il ne se fera peindre.
Jam magis, si ille me vult credere, ille non se facere habet pingere.
Ja' ma'is, si il' me vult cre'ere, il' nen se faç're hab't ping're.

L'Ours venant là-dessus, on crut qu'il s'alloit plaindre ;
Illum Ursum venientem illac de susum, homo (credere) quam ille se adnabat plangere ;
'lu' Urs' venient' 'la' de sus', hom' — que' il' se adna'at plang're ;

Tant s'en faut ; de sa forme il se loüa tres-fort ;
Tantum se inde follit ; de suam formam ille se laudavit trans forte ;
Tant' se ind' fall't ; de s'a' form'e' il' se lau'a't tra's fort' ;

Glosa sur l'Elephant ; dit qu'on pourroit encor
Glossavit super illum Elephantem ; dixit quem homo potere habebat hanc horam
Glossa't sup'r 'lu' Elephant' ; dix't que' hom' po'er' ha'e'at hanc hore'

Ajoûter à sa queuë, oster à ses oreilles :
(Juxta) ad suam caudam, haustare ad suas auriculas :
— a' s'a' cau'e', haustar' a' s'es auric'les ;

Que c' estoit une masse informe et sans beauté.
Quem ecce hoc stabat unam massam informem et sine (bellus).
Que' 'cç' ho' (e)sta'at une' masse' informe' et sin' —

L'Elephant estant écouté,
Illum Elephantem stantem auscultatum,
'lu' Elephant' (e)stant' auscultat',

Tout sage qu'il estoit, dit des choses pareilles :
Totum sapium quam ille stabat. dicit de illas causas pariculas :
Tot' sapj'e que' il' (e)sta'at, dic't de 'llas causes paric'les :

Il jugea qu'à son appetit
Ille judicavit quam ad suum appetitum
Il' jud'c(h)a't que' a' su'm appetit'

Dame Baleine estoit trop grosse.
Dominam Balœnam stabat — grossom.
Dom'ne' Balœne' esta'at — grosse'.

Dame Fourmy trouva le Ciron trop petit,
Dominam Formicam turbavit illum — — —
Dem'ne Formic' truba't 'lu' — — —

  Se croyant pour elle un colosse ;
  Se credentem pro illam unum colossum.
  Se cre'ent' por e'le' un' coloss'.

Jupin les renvoya s'estant censurez tous :
— illos (in via) se stantem (censura) totos :
— 'los — se (e)stant' — tot's :

Du reste content d'eux ; mais parmy les plus fous,
De illum (restare) contentum de illos ; magis permedium illos plus (follere).
De 'lu' — content' de ell's ; ma'is perme'i' 'los plus —

Nostre espece excella : car tout ce que nous sommes,
Nostram speciem (excellere) ; quare totum ecce hoc quam nos sumus,
Nostr' (e)spece' — quar' tot' 'cc' ho' que' nos sum's,

Linx envers nos pareils, et Taupes envers nous,
Lynx in versus nostros pariculos, et Talpas in versus nos,
Lynx in vers' nostr' paric'l's, et Talpes in vers' nos,

Nous nous pardonnons tout, et rien aux autres hommes :
Nos nos (per donare) totum, et rem ad illos alteros homines :
Nos nos — tot', et rem a' 'll's alt'r's hom'nes

On se void d'un autre œil, qu'on ne void son prochain.
Homo se videt de unum alterum oculum, quam homo non videt suum (prope).
Hom' se vid't de un' alt'r oc'l', que' hom' non vid't u'm —

  Le Fabricateur souverain
  Illum Fabricatorem superanum
  'lu' Fabricator' sup'ran'

Nous créa Besaciers tous de mesme maniere ;
Nos creavit (Bis saccus) totos de metipsimam (manus) ;
Nos crea't — tot's de me'ips'me' —

Tant ceux du temps passé que du temps d'aujourd'huy.
Tantum eccillos de illum tempus passatum quam de illum tempus de ad diurnum de hodie.
Tant' 'ccill's de 'llu' temp's passat' que' de 'llu' temp's de a' djurn' de ho'ie.

Il fit pour nos défauts la poche de derriere,
Ille fecit pro nostros (fallere) illam — de de retro,
Il' fec't por nostre' — 'la' — de de re'r,

Et celle de devant pour les defauts d'autruy.
Et eccillam de de abante pro illos (fallere) de alterihuic.
Et 'ccille' de de avant' por 'los — d' alt'r'ui'.

VIII

L'Hirondelle et les petits Oyseaux

Une Hirondelle en ses voyages
Unam (*Hirundo*) in suos viaticos
Une' — 'in s'os voiat'c(h)'s

Avoit beaucoup appris. Quiconque a beaucoup veu,
Habebat (bellum colaphum) apprensum. Quicumque habet (bellum colaphum) (videre)
Habs'at bel' col'p' apprens'. Quicumque hab't bel' col'p' —

Peut avoir beaucoup retenu.
Potest habere (bellum colaphum) (re tenere).
Pet' haber' bel' col'p' —

Celle-cy prévoyoit jusqu'aux moindres orages,
Eccillam ecce hic prævidebat de usque ad illos minor (aura),
'ccill'' 'cc' hi' prœvi'e'at djusque a' 'll's min'r —

Et devant qu'ils fussent éclos,
Et de ab ante quam illos fuissent exclusos,
Et de ab ant' que' ill's fuissent exclus'.

Les annonçoit aux Matelots.
Illos annuntiabat ad illos —
'los annuntia'at a' 'll's —

Il arriva qu'au temps que la chanvre se seme,
Ille adripavit quam ad illum tempus quam illam cannabum se seminat,
Il' adripa't que' ad 'llu' temp's que' 'la cann'b' se sem'n*',

Elle vid un Manant en couvrir maints sillons :
Illam vidit unum Manentem inde cooperire — —
Ell' vid't un' Manent' ind' coop'rir — —

Cecy ne me plaist pas, dit-elle aux Oysillons,
Ecce hoc ecce hic non me placet passus, dicit illam ad illos (Avis),
'cc' ho' 'cc' hi' non me plac't, pass', dic't elle' a' 'll's —

Je vous plains : Car pour moy, dans ce peril extrême,
Ego vos plango: quare pro me, de intus ecce hoc periculum extrenum,
E'o vos plang': quar' por me, d' int's 'cc' ho' peric'l' extrem',

Je sçauray m'éloigner, ou vivre en quelque coin.
Ego sapere habeo me (longè), aut vivere in qualemque cuneum.
E'o sap'r' ha'e' me — au' viv're in qual'que cugn'.

Voyez-vous cette main qui par les airs chemine ?
Videtis vos eccistam manum qui per illos aeres —
Vi'et's vos 'cciste' man' qui per 'los aer's —

Un jour viendra, qui n'est pas loin,
Unum diurnum venire habet, qui non est passus longe,
Un' djurn' venir' hab't, qui nen est pass' long',

Que ce qu'elle répand sera vostre ruïne.
Quam ecce hoc quam illa re expandit essere habet vostram ruinam.
Que' 'cç' ho' que' elle r' expand't esser' hab't vostre' ruins'.

De là naîtront engins à vous enveloper,
De illac nascere habent ingenios ad vos —
De 'la' nasc're ha'ent ingen's a' vos —

Et lacets pour vous attraper;
Et (laqueus) pro vos —
Et — por vos —

Enfin mainte et mainte machine,
In fine — et — machinam,
In fin' — et — machine',

Qui causera dans la saison,
Qui causare habet de intus illam sationem,
Qui causare hab't d' int's 'la' sation',

Vostre mort ou vostre prison;
Vostrum mortem aut vostram prensionem;
Vostr' mort' au' vostre' prension';

Gare la cage ou le chaudron:
— illam caveam aut illum (calidus):
— 'la' cavj' au' 'lu' —

C'est pourquoy, leur dit l'Hirondelle,
Ecce hoc est pro quid, illorum dicit illa (Hirundo),
'cç' 'o' est por quoi', 'lor' dic't 'la —

Mangez ce grain, et croyez-moy.
Manducatis ecce hoc granum, et creditis mihi.
Mand'c(h)at's 'cç' 'o' gran', et cre'it's mi'.

Les Oyseaux se mocquerent d'elle,
Illos (Avis) se — de illam,
'los — se — de elle',

Ils trouvoient aux champs trop de quoy.
Illos turbabant ad illos campes — de quid.
'll's truba'ant a' 'll's camp's — de quoi'.

Quand la Cheneviere fut verte,
Quando illam Cannaberiam fuit viridem,
Quand' 'la' Cannebiere fu't vir'de',

L'Hirondelle leur dit : Arrachez brin à brin
Illam (Hirundo) illorum dicit : Eradicatis — ad —
'la — 'lor' dic't: Erad'c(h)at's — a' —

Ce qu'a produit ce maudit grain;
Ecce hoc quam habet productum ecce hoc male dictum granum;
'cç' 'o' que' hab't product' 'cç' 'o' mal' dict' gran';

Ou soyez seurs de vostre perte.
Aut sietis securos de vostram perditam.
Au' siet's se'ur's de vostre' perd'te'.

Prophete de mal-heur, babillarde, dit-on,
Prophetam de malum augurium, — dicit homo,
Prophete' de mal' au'ur', — dic't hom',

    Le bel employ que tu nous donnes!
Illum bellum implicitum quam tu nos donas!
'lu' bell' impli'it' que' tu nos dones!

    Il nous faudroit mille personnes
Ille nos fallere habebat mille personas
Il' nos fall're ha'e'at mille persones

    Pour éplucher tout ce canton!
Pro (pilum) totum ecce hoc —
Por — tot' 'cc' 'o' —

    La chanvre estant tout à fait creuë,
Illam Cannabim stantem totum ad factum (crescere),
'la' Cann'b' (e)stant tot' a' fact' —

L'Hirondelle ajoûta : Cecy ne va pas bien :
Illam (Hirundo) adjuxtavit : Ecce hoc ecce hic non vadit passus bene :
'la' — adjurta't : 'cç' ho' 'cç' 'i' nea vad't pass' ben' :

    Mauvaise graine est tost venuë ;
— *granam* est tostum (venire) ;
— grare' est tost' —

Mais puisque jusqu'icy l'on ne m'a creuë en rien,
Magis post quam de usque ecce hic illum homo non me habet (credere) in rem,
Ma'is pos' que' djusqu' 'cc' hi' 'lu' hom' nen mi' hab't — in rem,

    Dès que vous verrez que la terre
De ipso quam vos videre habetis quam illam terram
De ips' que' vos vi'er' ha'et's que' 'la' terre'

    Sera couverte, et qu'à leurs bleds
Essere habet coopertam, et quam ad illorum (ablatum)
Esser' hab't cooperte', et que' u' 'lor' —

    Les gens n'estant plus occupez,
Illos gentes non stantem plus occupatos,
'los gent's nen (e)stant' plus occupat's,

    Feront aux Oysillons la guerre ;
Facere habent ad illos (Avis) illam —
Fac'r' ha'ent a' 'll s — 'la' —

    Quand regingletes et rezeaux
Quando — et (reticulum)
Quand' — et —

    Attraperont petits Oyseaux ;
— — (Avis) ;
—

    Ne volez plus de place en place :
Non volatis plus de plateam in plateam :
Non volat's plus de plaçe' in plaçe' :

Demeurez au logis, ou changez de climat.
Demoratis ad illum — aut *cambiatis* de climate.
Demorat's a' 'll' — au' cambjat's de climat'.

Imitez le Canard, la Grüe, et la Bécasse :
Imitatis illum — illam *Gruam*, et illam —
Imitat's 'lu' — 'la' Grue', et 'la' —

Mais vous n'estes pas en estat
Magis vos non estis passus in statum
Ma'is vos nen est's pass' in (e)stat'

De passer comme nous les deserts et les ondes,
De (passus) quomodo nos illos desertos et illas undas,
De — quom' nos 'los desert's et 'les undes,

Ny d'aller chercher d'autres mondes :
Nec de adnare circare de alteros mundos :
Ne' de adnar' circar' de alt'r's mund's :

C'est pourquoy vous n'avez qu'un party qui soit seur :
Ecce hoc est pro quid vos non habetis quam unum partitum qui sit securum :
'cc' 'o' est por quoi' vos nen habet's que' un' parti qui soit se'ur' :

C'est de vous renfermer aux trous de quelque mur.
Ecce hoc est de vos re in firmare ad illos — de qualemque murum.
'cc' 'o' est de vos r' in firmer a' 'll's — de qual'que mur'.

Les Oysillons las de l'entendre,
Illos (Avis) lassos de illam intendere,
'los — lass' de 'la' intend're,

Se mirent à jazer aussi confusement,
Se miserunt ad — aliud sic confusa mente
Se mis'r'nt a' — al' si' confuse ment

Que faisoient les Troyens quand la pauvre Cassandre
Quam faciebant illos Trojanos quando illam pauperam Cassandram
Que facie'ant 'los Troïan's quand' 'la paup're' Cassandre'

Ouvroit la bouche seulement.
Aperiebat illam buccam sola mente.
Ap'rie'at 'la' bucce' solement'.

Il en prit aux uns comme aux autres ;
Ille inde prendit ad illos unos quomodo ad illos alteros ;
Il' ind pre'it a' 'll's un's quom' a' 'll's alt'r's ;

Maint Oysillon se vid esclave retenu.
— (Avis) se vidit *slavum* (retinere).
— — se vid't slav' —

Nous n'écoutons d'instincts que ceux qui sont les nostres,
Nos non auscultamus de instinctos quam eccillos qui sunt illos nostros,
Nos nen auscultam's de instinct's que' 'ccill's qui sunt 'los nostr's,

Et ne croyons le mal que quand il est venu.
Et non credimus illum malum quam quando ille est (venire).
Et nen cre'im's 'lu' mal' que' quand' ill' est —

IX

Le Rat de ville et le Rat des champs

Autrefois le Rat de ville
Alterum vicem illum — de villam
Alt'r' voiç' 'lu' — de ville'

Invita le Rat des champs,
Invitavit illum — de illos campos,
Invita't 'lu' — de 'll's camp's,

D'une façon fort civile,
De unam factionem forte civilem,
De une' faction' fort' civile,

A des reliefs d'Ortolans.
Ad de illos (relevare) de Hortulanos.
A' de 'll's — de Hortulan's.

Sur un tapis de Turquie,
Super unum tapetem de —
Sup'r un' tapet' de —

Le couvert se trouva mis :
Illum coopertum se *turbavit* missum ;
'lu' co'vert' se truba't miss' :

Je laisse à penser la vie,
Ego laxo ad pensare illam vitam,
E'o lax' a' pensar' 'la' vi'e,

Que firent ces deux amis.
Quam fecerunt ecco istos duos amicos,
Que' fe'er'nt 'cç' ist' d'os amic's.

Le regal fut fort honeste,
Illum — fuit forte honestum,
'lu' — fu't fort' honest',

Rien ne manquoit au festin ;
Rem non (mancus) ad illum (festus)
Rem nen — a' 'lu' —

Mais quelqu'un troubla la feste,
Magis qualemque unum turbulavit illam festam
Ma'is qual'que un' trub'la't 'lla' feste',

Pendant qu'ils estoient en train.
Pendente quam illos stabant in (trahere).
Pendent' que' ill's (e)sta'ant in —

A la porte de la Sale
Ad illam portam de illam *Salam*
A' 'lla' porte' de 'la Sale

Ils entendirent du bruit;
Illos intenderunt de illum —
Ill's intender'nt de 'll' —

Le Rat de ville détale,
Illum — de villam —
'lu' — de ville' —

Son camarade le suit.
Suum (camera) illum sequit.
Su'm — 'lu' se'uit.

Le bruit cesse, on se retire;
Illum — cessat, homo se —
'lu — cesse', hom' se —

Rats en campagne aussi-tost :
— in campaniam aliud sic tot cito :
— in campagne' al' si' tot ç't' :

Et le Citadin de dire,
Et illum (Civitas) de dicere,
Et 'lu' — de diç're,

Achevons tout nostre rost.
(Caput) totum nostrum —
— tot' nostr' —

C'est assez, dit le Rustique;
Ecce hoc est adsatis, dicit illum Rusticum;
'cc' 'o' est adsat's, dic't 'lu' Rustic';

Demain vous viendrez chez moy.
De manè vos venire habetis casa mihi.
De man' vos venir' ha'et's c(h)as' mi'.

Ce n'est pas que je me picque,
Ecce hoc non est passus quam ego me —
'cc' 'o' nen est pass' que' e'o me —

De tous vos festins de Roy.
De totos vos (festus) de Regem.
De tot's vos — de Re'.

Mais rien ne vient m'interrompre;
Magis rem non venit me interrumpere;
Ma'is rem nen ven't me interrump're;

Je mange tout à loisir :
Ego manduco totum ad licere ·
E'o mand'ch' tot' a' licer' ;

Adieu donc; fy du plaisir,
Ad Deum tunc; — de illum placere,
A' Deu' dunc; — de 'll' placer',

Que la crainte peut corrompre.
Quam illam (tremere) potest corrumpere.
Que' 'la' — pot'st corrump're.

X

Le Loup et l'Agneau

La raison du plus fort est toûjours la meilleure;
Illam rationem de illum plus fortem est totum diurnum illam meliorem
'la' ration' de 'll' plus fort' est tot' djurn' 'la' méliore';

   Nous l'allons monstrer tout à l'heure.
   Nos illum adnamus monstrare totum ad illam horam.
   Nos 'lu' adnam's monstrar' tot' a' 'la' hore'.

   Un Agneau se desalteroit
   Unum Agnellum se (alter)
   Un' Agnel' se —

   Dans le courant d'une onde pure;
   De intus illum currentem de unam undam puram;
   De int's 'lu' current' de une' unde' pure';

Un Loup survient à jeun qui cherchoit avanture,
Unum Lupum supervenit ad jejunum qui circabat adventuram,
Un' Lup' sup'rven't a' je'un' qui circa'at adventure'

   Et que la faim en ces lieux attiroit.
   Et quam illam famem in ecce istos locos
   Et que' 'la' fam in ccist's loc's —

Qui te rend si hardy de troubler mon breuvage?
Qui te reddit si — de turbulare meum (bibere)?
Qui te red't si — de trub'lar m'um —

   Dit cet animal plein de rage:
   Dicit ecce istum animale plenum de rabiem,
   Dic't 'cc' ist' animal' plen' de rahje',

   Tu seras chastié de ta temerité.
   Tu essere babes castigatum de tuam temeritatem.
   Tu esser' hab's casti'at' de t'a' temeritat'.

Sire, répond l'Agneau, que Vostre Majesté
Senior, respondit illum Agnellum, quam Vostram Majestatem
Sen'r, respond't 'lu' Agnell', que' Vostre' Majestat'

   Ne se mette pas en colere;
   Non se mittat passus in choleram;
   Nea se mit' pass' in cholere';

   Mais plûtost qu'elle considere,
   Magis plus tot cito quam illa consideret
   Ma'is plus tot ç't' que' elle considere'

   Que je me vas desalterant
   Quam ego me vado (alter)
   que' e'o me vad' —

Dans le courant,
De intus illum currentem,
D' int's 'lu' current'.

Plus de vingt pas au-dessous d'Elle;
Plus de viginti passus ad illum de subitus de illam;
Plus de vi'int' pass' a' 'll' de sub't's de elle';

Et que par consequent en aucune façon,
Et quam per consequentem in aliquem unam factionem,
Et que'. per consequent' in al'qu' une' faction',

Je ne puis troubler sa boisson.
Ego non possum turbulare suam (bibere).
E'o nen poss' trub'ler s'a' —

Tu la troubles, reprit cette beste cruelle,
Tu illam turbulas reprendit ecce istam bestiam crudelem,
Tu 'la' trub'les reprend't cç' iste' best' cru'ele',

Et je sçais que de moy tu médis l'an passé.
Et ego sapio quam de me tu minus dixis illum annum passatum.
Et e'o sap' que' de me tu min's dix's' 'lu' ann' passat'.

Comment l'aurois-je fait si je n'estois pas né?
Quomodo inde illum habere habebam ego factum si ego non stabam passus natum?
Quom' ind' 'lu' haber' ha'e'a' e'o fact' si e'o nen (e)sta'a' pass' nat'?

Reprit l'Agneau; je tette encor ma mere.
Reprendit illum Agnellum, ego — hanc horam meam matrem,
Reprend't 'lu' Agnell', e'o — hanc hore' m'a' ma're'.

Si ce n'est toy, c'est donc ton frere.
Si ecce hoc non est te, ecce hoc est tunc tuum fratrem.
Si 'cç' 'o' nen est te, 'cç' 'o' est dunc tu'm fra're'.

Je n'en ay point. C'est donc quelqu'un des tiens;
Ego non inde habeo punctum. Ecce hoc est tunc qualemque unum de illos (tuum);
E'o nen ind' hab' punct'. 'cç' 'o' est dunc qual'que un' de 'll's —

Car vous ne m'épargnez guère,
Quare vos non me — —
Quar' vos nen me — —

Vous, vos Bergers et vos Chiens;
Vos, vostros Berbicarios et vostros Canes;
Vos, vostr's Berb'a(h)ar's et vostr's Can's;

On me l'a dit: il faut que je me vange.
Homo me illum habet dictum: ille fallit quam ego me vendico.
Hom' me 'lu' hab't dict': il' fall't que' e'o me vend'e(h)'.

Là-dessus au fond des forests
Illac de super ad illum fundum de illos (foras)
'la' de sup'r ad 'lu' fund' de 'll's

Le Loup l'emporte; et puis le mange
Illum Lupum illam inde portat, et post illum manducat
'lu' Lup' 'lu' ind' por'e, et pos' 'lu' mand'c(h)e

Sans autre forme de procez.
Sine alteram formam de processum.
Sin' alt're forme', de process'.

XI

L'Homme, et son Image

POUR M. L. D. D. L. R.

Un Homme qui s'aimoit sans avoir de rivaux,
Unum Hominem qui se amabat sine habere de rivales,
Un' Hom'ne' qui se ama'at sin' haver' de rival's,

Passoit dans son esprit pour le plus beau du monde :
(Passus) de intus suum spiritum pro illum plus bellum de illum mundum:
— d' int's s'um (e)sp'rit' por 'llu' plus bel' de 'llu' mund' :

Il accusoit toûjours les miroirs, d'estre faux,
Ille accusabat totos diurnos illos (mirari) de *essere* falsos,
Il' accusa'at tot's djurn's 'los — de ess're fals's,

Vivant plus que content dans son erreur profonde.
Viventem plus quam contentum de intus suum errorem profundum.
Vivent' plus que' content' d' int's s'um error' profundo'.

Afin de le guerir, le Sort officieux
Ad finem de illum — illum Sortem (officium)
A' fin' de 'lu' — 'lu' Sort'

Presentoit partout à ses yeux,
Præsentabat per totum ad suos oculos,
Presenta'at per tot' a' s'os oc'l's,

Les Conseillers muets dont se servent nos Dames ;
Illos Consiliarios mutos de unde se serviunt nostras Dominas;
'los Consiliar's mut's d' und' se serv'nt nostr' Dom'nes;

Miroirs dans les logis, miroirs chez les Marchands,
(Mirari) de intus illos — (mirari) casa illos *Mercatantes,*
— d' int's 'los — — c(h)as' 'los Merca'antes.

Miroirs aux poches des Galands,
(Mirari) ad illas — de illos —
— a' 'll's — de 'll's —

Miroirs aux ceintures des femmes.
(Mirari) ad illas cincturas de illas feminas.
— a' 'll's cinctures de 'les fem'nes.

Que fait nostre Narcisse? Il se va confiner
Quam facit nostrum Narcissum? Ille se vadit (confinis)
Que' fac't nostr' Narciss'? Il' se vad't —

Aux lieux les plus cachez qu'il peut s'imaginer,
Ad illos locos illos plus coactatos quam ille potest se imaginari,
A' 'll's loc's 'los plus coactat's que' ill' pot'st se imaginar',

N'osant plus des miroirs éprouver l'avanture.
Non *ausantem* plus de illos (mirari) (probare) illam adventuram.
Nen ausant' plus de 'll's — — 'la' adventure'.

Mais un canal, formé par une source pure,
Magis unum canalem, formatum per unam (surgere) puram,
Ma'is un' canal', format' per une' — pure',

Se trouve en ces lieux écartez :
Se turbat in ecce istos locos (carta) :
Se trube' in 'cç' ist's loc's —

Il s'y void, il se fasche; et ses yeux irritez
Ille se ibi videt, ille se (fastidium); et suos oculos irritatos
Il' se ib' void't, il' se — et s'os oc'l's irritat's

Pensent appercevoir une Chimere vaine :
Pensant (percipere) unam chimæram vanam :
Pensent — une' chimere' vane' :

Il fait tout ce qu'il peut pour éviter cette eau.
Ille facit totum ecce hoc quam ille potest pro evitare ecce istam aquam.
Il fac't tot' 'cç' ho' que' il' pot'st por evitar' 'cç' iste' aqve'.

Mais quoy, le canal est si beau,
Magis quid, illum canalem est si bellum,
Ma'is quoi', 'lu' canal' est si bell',

Qu'il ne le quitte qu'avec peine.
Quam ille non illum (quietus) quam ab hoc pœnam.
Que' il' nen 'lu' — que' av hec pœne'.

On void bien où je veux venir :
Homo videt bene ubi ego volo venire :
Hom' void't ben' ub' e'o vol' venir' :

Je parle à tous ; et cette erreur extrême,
Ego parabolo ad totos; et ecce istam errorem extremam,
E'o para'ol' a' tot's ; et cç' iste' error' extreme',

Est un mal que chacun se plaist d'entretenir.
Est unum malum quam quisque unum se placet de (inter tenere).
Est un' mal' que' *chis*qu' un' se plaç't de —

Nostre ame c'est cet Homme amoureux de luy-mesme;
Nostram animam, ecce hoc est ecce iste Hominem amorosum de illi metipsissimum;
Nostre' an'me', 'cç' ho' est 'cç' ist' Hom'ne' amoros' de 'li me'ips'm';

Tant de Miroirs ce sont les sottises d'autruy :
Tantum de . (Mirari) ecce hoc sunt illas — de alterius :
Tant' de — 'cç' ho' sunt 'las — de alt'rui' :

Miroirs de nos défauts les Peintres legitimes;
(Mirari) de nostros (fallere) illos (Pingere) legitimos
— de nostr's — 'los — legitim's;

Et quant au Canal, c'est celuy
Et quantum ad illum Canalem, ecce hoc est ecce illuic
Et quant' a' 'll' Canal', 'cç' ho' est 'cç' illui'

Que chacun sçait, le Livre des Maximes.
Quam quisque unum sapit, illum Librum de illas Maximas.
Que' chisqu' un' sap't, 'lu' Livr' de 'les Maximes.

XII

Le Dragon à plusieurs testes, et le Dragon à plusieurs queües

Un envoyé du Grand-Seigneur,
Unum (inde via) de illum Grandem Seniorem,
Un' — de 'll' Grand' Senior',

Preferoit, dit l'Histoire, un jour chez l'Empereur,
Præferebat, dicit illam Historiam, unum diurnum casa illum Imperatorem,
Præfere'at, dic't 'la Histoire', un' djurn' c(h)as' 'lu' Impera'or',

Les forces de son Maistre à celles de l'Empire.
Illas *fortias* de suum Magistrum ad ecce illas de illum Imperium.
'las forces de su'm Ma'istr' a' 'cç' illes de 'llu' Impeïr'.

Un Alleman se mit à dire :
Unum — se misit ad dicere :
Un' — se mis't a' diç're :

Nostre Prince a des Dépendans,
Nostrum Principem habet de illos dependentes,
Nostr' Princ' hab't de 'll's dependent's,

Qui de leur chef sont si puissans,
Qui de illorum capite sunt si *possentes*,
Qui de 'lor' cap't' sunt si possent's,

Que chacun d'eux pourroit soudoyer une armée.
Quam quisque unum de illos potere habebat *soldicare* unam armatam.
Que' chisqu' un' de ell's po'er' ha'e'at soldi'ar' un' armé'e'.

Le Chiaoux homme de sens,
Illum — hominem de sensu,
'lu' — hom'ne de sens',

Luy dit : Je sçais par renommée,
Illi dixit : Ego sapio per (nomen),
'li dix't : E'o sap' per —

Ce que chaque Électeur peut de monde fournir ;
Ecce hoc quam quisque Electorem potest de mundo —
'cç' ho' que' chisque Elector' pot'st de mund' —

Et cela me fait souvenir
Et ecce illac me facit subvenire
Et 'cç' illa' me fac't subvenir'

D'une avanture étrange, et qui pourtant est vraye.
De unam adventuram extraneam, et qui protantum est veracem.
De une' adventure' extranje', et qui portant' est v'raç'.

J'étois en un lieu seur, lors que je vis passer
Ego stabam in unum locum securum, illam horam quam ego vidi passare
E'o (e)sta'a' in un' loc' se'ur' 'la' hor' que' e'o vid' passar'

Les cent testes d'une Hydre au travers d'une haye :
Illas centum testas de unam Hydram ad illum traversum de unam —
'las cent' testes d' une Hydre' a' 'll' travers' d' une' —

Mon sang commence à se glacer,
Meum sanguinem (cum initiare) ad se (glacies),
M'um sang' — a' se —

Et je crois qu'à moins on s'effraye.
Et ego credo quam ad minus homo se (frigidus).
Et e'o cred' que' a' min's hom' se —

Je n'en eus toutefois que la peur sans le mal.
Ego non inde habui tota vicis quam illam pavorem sine illum malum.
E'o nen ind' ha'u' tote vic's que' 'la' pa'or' sin' 'lu' mal'.

Jamais le corps de l'animal
Jam magis illum corpus de illum animale
Ja' ma'is 'lu' corp's de 'llu' animal'

Ne pût venir vers moy, ny trouver d'ouverture,
Non potuit venire versus me, nec turbare de aperturam,
Nen pot't venir' vers' me, ne' trubar' de averture',

Je resvois à cette avanture,
Ego — ad ecce istam adventuram,
E'o — a' 'cçiste' adventure',

Quand un autre Dragon qui n'avoit qu'un seul chef,
Quando unum alterum Draconem qui non habebat quam unum solum caput,
Quand un' alt'r' Dracon' qui nen habe'at que' un' sol' chap't,

Et bien plus d'une queuë, à passer se presente :
Et bene plus de unam caudam, ad (passus) se præsentat :
Et ben' plus de une' cau'e, a' — se præsente' :

Me voilà saisi derechef
Me vide illac — de (caput)
Me voïd' 'la' — de —

D'étonnement et d'épouvante.
De (attonire) et de (pavere).
De — et de —

Ce chef passe, et le corps, et chaque queuë aussi ;
Ecce hoc caput (passus), et illum corpus, et quisque caudam aliud sic;
cç' ho' *ch*ap't — et 'lu' corp's, et *ch*isque cau'e' al'd si' ;

Rien ne les empescha ; l'un fit chemin à l'autre.
Rem non illos (impactus) illum unum fecit *caminum* ad illum alterum.
Rem nen 'los — 'lu' un' fec't c(h)emin' a' 'llu' alt'r.

Je soûtiens qu'il en est ainsi
Ego sustineo quam ille inde est in sic
E'o sustin' que' il' ind' est in si'

De vostre Empereur et du nostre.
De vestrum Imperatorem et de illum nostrum.
De vostr' Impera'or' et de 'll nostr'.

XIII

Les Voleurs et l'Asne

Pour un Asne enlevé deux Voleurs se battoient :
Pro unum Asinum (levare) duos (Involare) se battuebant :
Por un' As'n' — d'os — se battue'ant :

L'un vouloit le garder ; l'autre le vouloit vendre.
Illum unum volebat illum — illum alterum illum volebat vendere.
'lu' un' vole'at 'lu' — 'lu' alt'r' 'lu' vole'at vend're.

Tandis que coups de poing trottoient,
Tam dies quam colaphos de pugnum *tolutabant*,
Tam di's que' col'p's de pugn' tlo'ta'ant,

Et que nos champions songeoient à se deffendre,
Et quam nostros (campus) somniabant ad se defendere,
Et que' nostr' — somja'ant a' se defend're,

Arrive un troisième Larron,
Adripat unum (tres) Latronem.
Adripe' un' — La'ron',

Qui saisit Maistre Aliboron.
Qui — Magistrum —
Qui — Ma'istr' —

L'Asne c'est quelquefois une pauvre Province ;
Illum Asinum ecce hoc est qualemque vice unam pauperam Provinciam ;
'lu' As'n' 'cç' ho' est qual'que voiç' une' paup're' Province' :

Les Voleurs sont tel et tel Prince ;
Illos (Involare) sunt talem et talem Principem ;
'los — sunt tal' et tal' Prince' ;

Comme le Transsilvain, le Turc, et le Hongrois.
Quomodo illum — illum — et illum —
Quom' 'lu' — 'lu' — et 'lu' —

    Au lieu de deux j'en ay rencontré trois :
Ad illum locum de duos Ego inde habeo (contra) tres :
A' 'll' loc' de d'os E'o ind' hab' — tres :

Il est assez de cette marchandise.
Ille est adsatis de cccistam (mercare).
Ill' est adsat's de 'ççiste' —

De nul d'eux n'est souvent la Province conquise :
De nullum de illos non est sub inde illam Provinciam conquisitam:
De null' de ell's nen est sub ind' 'la' Provinc' conquis't' :

Un quart Voleur survient qui les accorde net,
Unum quartum (Involare) supervenit qui illos (cor) nitidum,
Un' quart' — sup'rven't qui 'los — nit'd',

    En se saisissant du Baudet.
In se — de illum —
In se — de 'llu' —

XIV

Simonide preservé par les Dieux

On ne peut trop loüer trois sortes de personnes :
Homo non potest — laudare tres (sors) de personas :
Hom' nen pot'st — lau'ar' tres — de persones :

    Les Dieux, sa Maistresse et son Roy.
Illos Deos, suam (Magister) et suum Regem.
'los Deos, s'a' — et s'um Re'.

Malherbe le disoit : j'y souscris quant à moy :
— illum dicebat : Ego ibi suscribo quantum ad me :
— 'lu' dice'at : E'o ib' suscrib' quant' a' me :

    Ce sont Maximes toûjours bonnes.
Ecce hoc sunt *Maximas* totum diurnum bonas.
'cç' ho' sunt Maximes tot' djurn' bones.

La loüange chatoüille, et gagne les esprits :
Illam *laudemiam* (catulus) et — illos spiritus :
'la lau'emje' — et — 'los (e)sp'rit's :

Les faveurs d'une Belle en sont souvent le prix.
Illas favores de unam Bellam inde sunt subinde illum pretium,
'las favor's de une' Belle' ind' sunt subin'd 'lu' preit'.

Voyons comme les Dieux l'ont quelquefois payée.
Videamus quomodo illos Deos illum habent qualemque vice pacata.
Vi'eam's quom' 'los Deos 'lu' ha'ent qual'que voiç' pa'at'.

Simonide avoit entrepris
Simonides habebat (inter prehendere)
Simonide habe'at —

L'éloge d'un Athlete, et, la chose essayée,
Illum elogium de unum Athletam, et, illam causam (exagium),
'lu' eloge' de un' Athlete', et, 'la' cause' —

Il trouva son sujet plein de récits tous nus :
Ille turbavit suum subjectum plenum de (recitare) totos nudos:
Il' truba't su'm subject' plen de — tot's nud's :

Les parens de l'Athlete estoient gens inconnus,
Illos parentes de illum Athletam stabant gentes (cognoscere),
'los parent's de 'lu' Athlete' (e)sta'ant gent's —

Son pere un bon Bourgeois, luy sans autre merite ;
Suum patrem unum bonum Burgensem, illuic sine alterum meritum;
Su'm pa're' un' bon' Burge's', 'lui' sin' alt'r' merit' ;

Matiere infertile et petite.
Materiam infertilem et —
Matiere' infertile' et —

Le Poëte d'abord parla de son Heros :
Illum Poetam de — parabolavit de suum Heros:
'lu' Poete' de — para'ola't de su'm Heres :

Après en avoir dit ce qu'il en pouvoit dire,
Ad pressus inde habere dictum ecce hoc quam ille inde potebat dicere,
A' press' ind' haber' dict' 'cç' 'o' que' il' ind' po'e'at diç're,

Il se jette à costé ; se met sur le propos
Ille se jactat ad (costa); se mittit super illum propositum
Il' se jacte' a — se mit' sup'r 'lu' propos't'

De Castor et Pollux ; ne manque pas d'écrire
De Castor et Pollux ; non (mancus) passus de scribere
De Castor et Pollux; nen — pass' de (e)scrib'r'

Que leur exemple estoit aux Luteurs glorieux ;
Quam illorum exemplum stabat ad illos (Luctare) gloriosos;
Que' 'lor' exempl' (e)sta'at a' 'los — glorios' ;

Eleve leurs combats, specifiant les lieux
(Levare) illorum (cum batuere) specificantem illos locos
— 'lor' — specifi'ant' 'los loc's

Où ces freres s'estoient signalez davantage :
Ubi ecco istos fratres se stabant (signum) (de ab ante) :
Ub' 'cç' ist's fra'res se (e)sta'ant — de —

Enfin l'éloge de ces Dieux,
In fine illum elogium de ecciston Deos,
In fin' 'lu' eloge' de 'cçist's Deos,

Faisoit les deux tiers de l'Ouvrage.
Faciebat illos duos tertios de illum (Operari).
Facie'at 'los d'os tiert's de 'lu' —

L'Athlete avoit promis d'en payer un Talent ;
Illum Athletam habebat promissum de inde pacare unum talentum ;
'lu' Athlete' habe'at promiss' de ind' pa'ar' un' talent' :

Mais quand il le vid, le Galand
Magis quando ille illum vidit, illum —
Ma'is quand' il' 'lu' vid't, 'lu' —

N'en donna que le tiers, et dit fort franchement,
Non inde donavit quam illum tertium, et dixit forte —
Nen ind' dona't que' 'le tiert', et dix't fort' —

Que Castor et Pollux acquitassent le reste.
Quam Castor et Pollux (quietus) illum (restare).
Que' Castor et Pollux — 'lu —

Faites-vous contenter par ce Couple celeste ;
Facitis vos (contentus) per ecce hoc Copulam cœlestem ;
Fac'tes vos — par 'cc' ho' Cop'le' cœleste' ;

Je vous veux traiter cependant :
Ego vos volo tractare ecce hoc pendente :
E'o vos vol' tractar' 'cc' ho' pendent' :

Venez souper chez moy, nous ferons bonne vie :
Veniatis — casa m', nos facere habemus bonam vitam :
Veniat's — c(h)as' me, nos faç're ha'em's bone' vi'e'

Les Conviez sont gens choisis,
Illos (Cum vitare) sunt gentes —
'los — sunt gent's —

Mes parens, mes meilleurs amis ;
Meos parentes, meos meliores amicos ;
Me's parent's, me's melior's amic's ;

Soyez donc de la compagnie,
Siatis tunc de illam (cum panis),
Siat's dunc de 'la' —

Simonide promit. Peut-estre qu'il eut peur
Simonides promisit. Potest essere quam ille habuit pavorem
Simonide promis't. Pot'st ess'r' que' il' ha'uit pa'or'

De perdre outre son dû le gré de sa loüange.
De perdere ultra suum debitum illum gratum de suam laudemiam.
De perd're ultr' su'm deb't' 'lu' grat' de s'a' lau'emje'.

Il vient, l'on festine, l'on mange.
Ille venit, illum homo (festus) illum homo manducat.
Il' ven't, 'lu' hom' —. 'lu' hom' mand'c(h)e'.

Chacun estant en belle humeur,
Quisque unum stantem in bellam humorem,
Chisque un' (e)stant' in bell:e' humor',

Un domestique accourt, l'avertit qu'à la porte
Unum domesticum adcurrit, illum (advertere) quam ad illam portam
Un' domestic' adcurr't, 'lu' — que' a' la' porte'

Deux hommes demandoient à le voir promptement
Duos homines demandabant ad illum videre (promptus)
D'os hom'nes demanda'ant a' 'lu' ve'cr' —

Il sort de table, et la cohorte
Ille sortit de tabulam, et il'am cohortem
Il' sort' de tab'le', et 'la' cohorte'

N'en perd pas un seul coup de dent.
Non inde perdit passus unum solum colaphum de dente.
Nen ind' perd't pass' un' sol' col'p' de dent'.

Ces deux hommes estoient les Gemeaux de l'Eloge.
Ecce istos duos Hommes stabant illos Gemellos dè illum Eloglum.
'cc' ist's d'os hom'nes (e)sta'ant 'los Gemell's dè 'llu' Eloge.

Tous deux luy rendent grace, et pour prix de ses Vers,
Totos duos illuic reddunt gratiam, et pro pretium de suos versus,
Tot's d'os 'lui' redd'nt grace', et por preit' de s'os Vers',

Ils l'avertissent qu'il déloge,
Illos illum (advertere) quam ille —
Ill's 'lu' — que' il' —

Et que cette maison va tomber à l'envers.
Et quam eccistam mansionem vadit — ad illum in versum.
Et que' 'cciste' mansion' vad't a' 'lu' in vers'.

La prédiction en fut vraye,
Illam predictionem inde fuit veracem,
'la' prediction' ind' fu't v'rac',

Un pilier manque; et le platfonds
Unum (pila) (mancus); et illum (—fundus)
Un' — — et 'lu' —

Ne trouvant plus rien qui l'estaye,
Non turbantem plus rem qui illum —
Nen trubant' plus rem qui 'lu' —

Tombe sur le festin, brise plats et flaccons ;
— super illum (festus) — — et flascones;
— sup'r 'lu' — - - — et flascon's;

N'en fait pas moins aux Echansons.
Non inde facit passus minus ad illos —
Nen ind' fac't pass' min's a' 'll's —

Ce ne fut pas le pis ; car pour rendre complete
Ecce hoc non fuit passus illum pejus; quare pro reddere completam
'cc' 'o' non fu't pass' 'lu' pei's; quar' por redd're complete'

La vangeance deuë au Poëte,
Illam (vindicare) (debere) ad illum Poetam,
'la' — — a' 'll' Poete',

Une poutre cassa les jambes à l'Athlete,
Unam pulletram quassavit illas gambas ad illum Athletam,
Une' pull'tre quassa't 'las gambes a' 'llu' Athlete',

  Et renvoya les Conviez.
  Et (inde viare) illos (Cum vitare)
  Et ... 'los —

  Pour la pluspart estropiez.
  Pro illam plus partem —
  Por 'la' plus part' —

La Renommée eut soin de publier l'affaire.
Illam (Nomen) habuit — de publicare illam (ad facere).
'la' — ha'uit — de publi'ar' 'la' —

Chacun cria miracle ; on doubla le salaire
Quisque unum quiritavit miraculum ; homo (duplus) illum salarium
Quasqu' un' qu'ri'a't mirac'l' ; hom' — 'lu' salai'r'

Que meritoient les vers d'un homme aimé des Dieux :
Quam (meritum) illos versus de unum hominem amatum de illos Deos :
Que' — 'los vers' de un' hom'ne amat' de 'los Deos' :

  Il n'estoit fils de bonne mere,
  Ille non stabat filius de bonam matrem,
  Il' nen (e)sta'ot fil's de bone' ma're,

  Qui les payant à qui mieux mieux,
  Qui illos pacantem ad qui melius melius,
  Qui 'los pa'ant' a' qui miel's miel's,

  Pour ses Ancestres n'en fist faire.
  Pro suos Antecessores non inde fecisset facere.
  l'or s'os Ant'cess'r's nen ind' fe'is't faç're.

Je reviens à mon Texte ; et dis premierement,
Ego (re venire) ad meum Textum ; et dico (primus),
E'o — a' m'um Text' ; et dic' —

  Qu'on ne sçauroit manquer de loüer largement
  Quam homo non sapore habebat mancare de laudare (largus)
  Que' hom' nen sap'r' ha'e'at mancar' de lau'ar' —

Les Dieux et leurs pareils ; de plus que Melpomene
Illos Deos et illorum pariculos ; de plus quam (Melpomene)
'los Deos et 'lor' paric'l's ; de plus que' —

  Souvent sans déroger trafique de sa peine :
  Subinde sine derogare — de suam pœnam :
  Subind' sin' derogar' — de s'a' pœne' :

  Enfin qu'on doit tenir nostre art en quelque prix.
  In fine quam homo debet tenere nostrum artem in qualemque pretium,
  In fin' que' hom' deb't tener' nostr' art' in qual'que preti'

Les Grands se font honneur dès lors qu'ils nous font grace :
Illos Grandes se faciunt honorem de ipso illam horam quam illos nos faciunt gratiam :
'los Grand's se fa'unt honor' de ips' 'la' hore' que' ill's; nos fa'unt grace' :

Jadis l'Olympe et le Parnasse,
<small>Jam dies illum Olympum et illum Parnassum
Ja' di's 'lu' Olymp' et 'lu' Parnass'</small>

Estoient freres et bons amis.
<small>Stabant fratres et bonos amicos.
(E)sta'ant fra'res et bon's amic'o's.</small>

XV

La Mort et le Malheureux

Un Malheureux appelloit tous les jours,
<small>Unum (Malum augurium) appellabat totos illos diurnos,
Un' — appella'at tot's 'los djurn's.</small>

La Mort à son secours.
<small>Illam Mortem ad suum (succurere).
'la' Mort' a' su'm —</small>

O Mort, luy disoit-il, que tu me sembles belle !
<small>O Mortem, illuic dicebat ille, quam tu mihi simulas bellam !
O Mort', 'lui' dico'at il', que' tu mi' sim'les belle' !</small>

Vien viste, vien finir ma fortune cruelle.
<small>Veni — veni finire meam fortunam crudelem.
Ven' — ven' finir' m'a' fortune' cru'ele'</small>

La Mort crût en venant l'obliger en effet.
<small>Illam Mortem (credere) in venientem illum obligare in effectu.
'la Mort' — in venient' 'lu' obligar' in effect'.</small>

Elle frappe à sa porte, elle entre, elle se monstre.
<small>Illam — ad suam portam, illam intrat illam se monstrat.
El'e' — a' s'a' porte', elle intre', elle' se monstre'.</small>

Que vois-je ! cria-t-il, ostez-moy cet objet ;
<small>Quam video ego ! quiritavit ille, haustatis me eccistum objectum ;
Que' void' e'o ! q'ri'a't il', haustat's me 'ccist' object' ;</small>

Qu'il est hideux ! que sa rencontre
<small>Quam ille est hispidosum ! quam suam (in contra)
Que' il' est hisp'dos'! que' s'a' —</small>

Me cause d'horreur et d'effroy !
<small>Me causat de horrorem et de (frigidus) !
Me cause' de horror' et de —</small>

N'approche pas ô Mort, ô Mort retire-toy.
<small>Non appropria passus o Mortem, o Mortem — te.
Nen approhje pass' o Mort', o Mort' — te.</small>

Mecenas fut un galand homme :
Mecenas fuit unum — hominem :
Mecenas fu't un' — hom'ne' :

Il a dit quelque part : Qu'on me rende impotent,
Ille habet dictum qualemque partem : Quam homo me reddat impotentem,
Il' hab't dict' qual'que part' : Que' hom' me redde' impotent',

Cu de jatte, goûteux, manchot, pourveu qu'en somme
Culum de gabatam, (gutta), (mancus), (providere) quam in summam
Cul' de gab'te', — — — que' in summe'

Je vive, c'est assez, je suis plus que content.
Ego vivam, ecce hoc est adsatis, ego sum plus quam contentum.
E'o vive, 'cc' ho' est adsat's, e'o su' plus que' content'.

Ne vien jamais ô Mort, on t'en dit tout autant.
Non veni jam magis o Mortem, homo te inde dicit totum aliud tantum.
Nen ven' ja' ma'is o Mort', hom' te ind' dic't tot' al' tant'.

XVI

La Mort et le Buscheron

Un pauvre Bucheron tout couvert de ramée,
Unum pauperem — totum coopertum de (ramus),
Un' pauv're — tot' coovert' de —

Sous le faix du fagot aussi bien que des ans
Subtus illum fascem de illum — aliud sic bene quam de illos annos,
Subt' 'lu' fasc' de 'll' — al' si' ben' que' de 'll's ann's

Gemissant et courbé marchoit à pas pesans ;
(Gemere) et curvatum (marcus) ad passus pensantes ;
— et curvat' — a' pass' pensan̄t's ;

Et tâchoit de gagner sa chaumine enfumée.
Et (taxare) de — suam (calamus) (fumare).
Et — de — s'a' — —

Enfin n'en pouvant plus d'effort et de douleur,
In fine non inde potentem plus de (fortis) et de dolorem,
In fin' nen ind' po'ent' plus de — et de dolor',

Il met bas son fagot, il songe à son malheur :
Ille mittit bassus suum (fagus), ille somniat ad suum malum augurium :
Il' mit' bas' su'm — il' somnje' a' su'm mal' au'ur' :

Quel plaisir a-t-il eu depuis qu'il est au monde ?
Qualem placere habet ille habitum de post quam ille est ad illum mundum ?
Qual' placer' hab't il' 'a'xt' de pos' que' il' est a' 'll' mund' ?

En est-il un plus pauvre en la machine ronde?
Inde est ille unum plus pauperum in illam machinam rotundum?
Ind' est il' un' plus pauv'r' in 'la' machine' ro'unde'?

Point de pain quelquefois, et jamais de repos;
Punctum de panem qualemque vice, et jam magis de (posare);
Punct' de pan' qual'que voiç', et ja' ma'is de —

Sa femme, ses enfans, les soldats, les imposts,
Suam feminam, suos infantes, illos (solidas) illos *impositos*,
S'a' fem'ne', s'os infant's, 'los — 'los impos't's,

    Le creancier, et la corvée
    Illum (credere), et illam *corrogatam*
    'lu' — et 'la' corro'at'

Luy font d'un malheureux la peinture achevée.
Illuic faciunt de unum (malum augurium) illam (pingere) (caput).
'lui fa'unt de un' — 'la' — —

Il appelle la Mort; elle vient sans tarder;
Ille appellat illam Mortem; Illa venit sine tardare;
Il' appelle' 'la' Mort'; elle ven't sin' tardar';

    Luy demande ce qu'il faut faire,
    Illuic demandat ecce hoc quam ille fallit facere,
    'lui' demande' oç' ho' qu' il' fall't faç're,

    C'est, dit-il, afin de m'ayder
    Ecce hoc est, dicit ille, ad finem de me adjutare
    'oç' ho' est, dic't ill', a' fin' de me adiutar'

A recharger ce bois; tu ne tarderas guere.
Ad *recarricare* ecce hoc — tu non tardare habes —
A' recar'car' 'oç' 'o' — tu nen tardar' hab's —

    Le trépas vient tout guérir;
    Illum trans passum venit totum —
    'lu' trans pass' ven't tot' —

    Mais ne bougeons d'où nous sommes:
    Magis non — de ubi nos sumus;
    Ma'is nen — de ub' nos sum's;

    Plûtost souffrir que mourir,
    Plus tot cito *sufferrere* quam morire,
    Plus tot ç'to suff'rer' que' morir',

    C'est la Devise des hommes.
    Ecce hoc est illam (dividere) de illos homines,
    'oç' ho' est 'la — do 'll's hom'nes.

XVII

L'Homme entre deux Ages

Un homme de moyen âge,
Unum hominem de medianum œtaticum,
Un' hom'ne' de me'ian' œ'at'ch',

Et tirant sur le grison,
Et — super illum —
Et — sup'r 'lu' —

Jugea qu'il estoit saison
Judicavit quam ille stabat sationem
Jud'c(h)a't que' ill' (e)sta'at sation'

De songer au mariage.
De somniare ad illum marituticum
De somnjer a' 'llu' mari'at'ch'.

Il avoit du contant,
Ille habebat de illum computantem,
Ill' have'at de 'll' comp'tant'.

Et partant
Et pertantum
Et pertant'

De quoy choisir; toutes vouloient luy plaire;
De quid — totas volebant illuic placere;
De quoi' — totes vole'ant 'lui' plaç're;

En quoy nostre Amoureux ne se pressoit pas tant:
In quid nostrum Amorosum non se (pressus) passus tantum:
In quoi' nostr' Amoros' nen se — pass' tant'·

Bien adresser n'est pas petite affaire.
Bene (ad directum) non est passus — (ad facere).
Ben' — nen est pass' — —

Deux Veuves sur son cœur eurent le plus de part;
Duas Viduas super suum cor habuerunt illum plus de partem;
Duas Vidves sup'r su'm cor ha'uer'nt 'lu' plus de part';

L'une encor'verte, et l'autre un peu bien mûre;
Illam unam hanc horam viridem, et illam alteram unum paucum bene maturam·
'la' une' hanc hore' vir'de', et 'la' a'u're' un' pauc' ben' ma'ure';

Mais qui reparoit par son art,
Magis qui reparabat per suum artem,
Ma'is qui repara'at per su'm art',

Ce qu'avoit détruit la Nature.
Ecco hoc quam habebat destructum illam Naturam.
'oç' ho' que' have'at destruct' 'la' Nature'.

Ces deux Veuves en badinant,
Ecce istas duas Viduas in —
'cç' is'es dues Vidves in —

En riant, en luy faisant feste,
In ridentem, in illuic facientem festam,
In ri'ent', in' 'li facient' feste',

L'alloient quelquefois testonnant;
Illum adnabant qualemque vice (testa);
'lu' adna'ant qual'que voiç' —

C'est à dire, ajustant sa teste.
Ecce hoc est ad dicere, (juxta) suam testam.
'çc' ho' est a' diç're, — s'a' teste'.

La Vieille à tous momens de sa part emportoit
Illam Veclam ad totos momentum de suam partem inde portabat
'la Vieille a' tot's moment' de s'a' part' ind' porta'at

Un peu du poil noir qui restoit,
Unum paucum de illum pilum nigrum qui restabat,
Un' pauc' de 'lu poil' noi'r' qui resta'at,

Afin que son Amant en fust plus à sa guise :
Ad finem quam suum Amantem inde fuisset plus ad suam —.
A' fin' que' su'm Amant' ind' fu's't plus a' s'a'

La Jeune saccageoit les poils blancs à son tour :
Illam Juvenem — illos pilos — ad suum tornum;
'la Ju'ene' — 'los poil's — a' su'm torn':

Toutes deux firent tant que nostre teste grise
Totas duas fecerunt tantum quam nostram testam —
Totes dues fe'er'nt tant' que' nos're' teste' —

Demeura sans cheveux, et se douta du tour.
(Mora) sinè capillos, et se dubitavit de illum tornum.
— ' sin' capill's, et se dub'ta't de 'll' torn'.

Je vous rends, leur dit-il, mille graces, les Belles.
Ego vos reddo, illorum dicit illa, mille gratias, illas Bellas,
E'o vos red', 'lor' dic't il', mill' grac'es 'les Bel'es,

Qui m'avez si bien tondu :
Qui me habetis si bene (tondere);
Qui me h∗oat's si ben' —

J'ay plus gagné que perdu ;
Ego habeo plus — quam perditum;
E'o ha'e' plus — que' perdut' ;

Car d'Hymen, point de nouvelles.
Quare de Hymenem, punctum de novellas.
Quar' de Hymen', punct' de novel'es.

Celle que je prendrois voudroit qu'à sa façon
Ecce illam quam ego prendere habebam volere habebat quam ad suam factionem
cç' ille' que' e'o prend'r' ha'e'a' vol're ha'e'at qu e' a' s'a' faction'

Je vécusse, et non à la mienne.
Ego (vivere), et non ad illam (meum).
E'o — et non a' 'la' —

Il n'est teste chauve qui tienne ;
Ille non est testam calvam qui teneat ;
Il' nen est teste' calve' qui tene' ;

Je vous suis obligé, Belles, de la leçon.
Ego vos sum obligatum, Bellas, de illam lectionem.
E'o vos su' obligat', Belles, de 'la lectiou'.

XVIII

Le Renard et la Cicogne

Compere le Renard se mit un jour en frais,
Compatrem illum — se misit unum diurnum in —
Compa're' 'lu — se mis't un' djurn' in —

Et retint à disner commere la Cicogne.
Et retinuit ad — commatrem illam Ciconiam
Et retin't a' — comma're' 'la' Cicogne'.

Le régal fut petit, et sans beaucoup d'appresls ;
Illum — fuit — et sine (bellum colaphum) de (ad præstare)
'lu' — fu't — et sin' bell' col'p' de

Le Galand pour toute besogne
Illum — pro totam —
'lu' — por tot' —

Avait un broüet clair (il vivoit chichement :)
Habebat unum — clarum ille vivebat (ciccum) :
Have'at un' — clar' il' vive'at

Ce broüet fut par luy servy sur une assiete.
Ecce hoc — fuit per illuic servitum super unam assectam.
'cc' ho' — fu't per 'lui' servit' sup'r une assiete'.

La Cicogne au long bec n'en pût attraper miete ;
Illam Ciconiam ad illum longum — non inde potuit — (mica) ;
'la' Cicogne' a' 'll'' long' — nen ind' pot't — —

Et le Drosle eust lappé le tout en un moment.
Et illum — habuit — illum totum in unum momentum.
Et 'lu' — ha'ult — 'lu' tot' in un' moment'.

Pour se vanger de cette tromperie,
Pro se vindicare de eccistam —
Por se vind'cher' de 'cciste' —

A quelque-temps delà, la Cicogne le prie :
Ad qualemque tempus de illuc, illam Ciconiam illum *precat :*
A' qual'que temp's de 'la', 'la' Cicogne' 'lu' pr'ie :

Volontiers, luy dit-il, car avec mes amis
Voluntarie, illuic dicit ille, quare ab hoc meos amicos
Volunti*ar*', 'lui dic't il', quar' a*v* hoc me's amic's

  Je ne fais point ceremonie.
  Ego non facio punctum cærimoniam.
  E'o non fac' punct' cærimonie'.

A l'heure dite, il courut au logis
Ad illam horam dictam, ille (currere) ad illum —
A' 'la' hore' dicte', il' — a' 'lu' —

  De la Cicogne son hostesse ;
  De illam Ciconiam suum (hospitem) ;
  De 'la' Cicogne' su'm —

  Loüa tres-fort sa politesse,
  Laudavit trans forte suam —
  Lau'a't tra's fort' s'a' —

  Trouva le disner cuit à point.
  Turbavit illum — coctum ad punctum.
  Truba't 'lu' — coct' a' punct'.

Bon appetit surtout ; Renards n'en manquent point ;
Bonum appetitum super totum ; — non inde (mancus) punctum ;
Bon' appetit' sup'r tot' ; — n*on* ind' — punct' ;

Il se réjoüissoit à l'odeur de la viande
Ille se (gaudere) ad illam odorem de illam vivendam
Il' se — a' 'la' odor' de 'la vi'ende'

Mise en menus morceaux, et qu'il croyoit friande.
Missam in minutos *morsellos,* et quam ille credebat (frigere).
Miss' in minut's morsell's, et que' il' cre'e'at —

  On servit pour l'embarasser
  Homo serviit pro illum —
  Hom' servi't por 'lu' —

En un vase à long col, et d'étroite embouchûre :
In unum vasum ad longum collum, et de strictam (bucca) :
In un' vas' a' long' col', et de stroicte' —

Le bec de la Cicogne y pouvoit bien passer,
Illum — de illam Ciconiam ibi (posse) bene (passus),
'lu' — de 'la Cicogne' i' — ben' —

Mais le museau du Sire estoit d'autre mesure.
Magis illum de illum Senior stabat de alteram mensuram.
Ma'is 'lu' — de 'lu' Sen'r (e)sta'at da alt're' mensuro'.

Il luy falut à jeun retourner au logis,
Ille illuic (fallire) ad jejunum (tornare) ad illum —
Il' 'lui — a' je'un' — a' 'll' —

Honteux comme un Renard qu'une Poule auroit pris,
— quomodo unum — quam unam Pullam habere habebat prensum,
— quom' un' — que' une' Pulle' haver' ha'e'at prens',

Serrant la queuë, et portant bas l'oreille.
Serantem illam caudam, et portantem bassum illam auriculam.
Serant' 'la' cau'e', et portant' bass' 'la' auric'le'.

Trompeurs, c'est pour vous que j'écris,
— ecce hoc est pro vos quam ego scribo,
— 'cç' ho' est por vos que' e'o (e)scrir',

Attendez-vous à la pareille.
(Attendere) vos ad illam pariculam.
— vos a' 'l.' paric'le'.

XIX

L'Enfant et le Maistre d'Ecole

Dans ce Recit je prétens faire voir
De intus ecce hoc (Recitare), ego prætendo facere videre
De int's 'cç' ho' — e'o prætend' faç're vi'er'

D'un certain Sot la remonstrance vaine.
De unum (certus) — illam (monstrare) vanam.
De un' — — 'la' — vane'.

Un jeune enfant dans l'eau se laissa choir,
Unum juvenem infantem de intus illam aquam se laxavit cadere,
Un' ju'ene' infant' de int's 'la' aqve' se laxa't c(h)a'ere,

En badinant sur les bords de la Seine.
In -- super illos — de illam Sequanam.
In — sup'r 'los - de 'la' Se'uane'.

Le Ciel permit qu'un Saule se trouva,
Illum Cœlum permittit quam unum — se turbavit,
'lu' Ciel' permit't que' un' — se truba't,

Dont le branchage, après Dieu, le sauva.
De unde illum — ad pressus Deum, illum salvavit.
De und' 'lu' — a' press' Deu', 'lu' salva't.

S'estant pris, dis-je, aux branches de ce Saule;
Se stantem prensum, dico ego, ad illas — de ecce hoc —
Se (e)stant' prens', dic' e'o, a' 'll's — de 'cç' ho' —

Par cét endroit passe un Maistre d'Ecole;
Per eccistum (in directum) (passus) unum Magistrum de Scholam.
Per 'cçist' — — un' Ma'istr' de (e)schole'.

L'Enfant luy crie : Au secours, je peris.
Illum Infantem illuic quiritat : Ad illum *succursum*, ego (perire).
'lu' Infant' 'li q'ri'et' : A' 'll' succurs', e'o —

Le Magister se tournant à ses cris,
Illum Magister se tornantem ad suos (quiritare).
'lu' Magister se tornant' a' s'os —

D'un ton fort grave à contre-temps s'avise
De unum tonum forte gravem ad contra tempus se (ad visum)
De un' ten' fort° grave' a' contre temp's se —

De le tancer : Ah le petit baboüin !
De illum — Ah illum — —
De 'lu' — Ah 'lu' — —

Voyez, dit-il, où .l'a mis sa sottise !
Videtis, dicit ille, ubi illum habet missum suam —
Ve'et's, dic't il', u' 'lu' hab't miss' s'a' —

Et puis prenez de tels fripons le soin.
Et post prendatis de tales — illum —
Et pos' prendet's de tal's — 'lu' —

Que les parens sont mal-heureux, qu'il faille
Quam illos parentes sunt (malum augurium) quam ille (fallire)
Que' 'les parent's sunt — que' il' —

Toûjours veiller à semblable canaille !
Totos diurnos vigilare ad (similis) (canis) !
Tot's djurn's vi'iler' a' — —

Qu'ils ont de maux ! et que je plains leur sort !
Quam illos habent de malos ! et quam ego plango illorum sortem !
Que' ill's ha'ent de mal's ! et que' e'o plang' 'lor' sort' !

Ayant tout dit il mit l'enfant à bord.
Habentem totum dictum ille misit illum infantem ad —
Ha'ent' tot' dict' il' mis't 'lu' infant' a' —

Je blâme icy plus de gens qu'on ne pense.
Ego *blasphemo* ecce-hic plus de gentes quam homo non pensat.
E'o blas'm' ecç'hi' plus de gent's que' hem' nen pense'.

Tout babillard, tout censeur, tout pedant,
Totum — totum censorem, totum —
Tot' — tot' censor, tot' —

Se peut connoistre au discours que j'avance :
Se potest cognoscere ad illum discursum quam ego (ab ante) :
Se pot'st cognosc're a' 'lu' discurs' que' e'o —

Chacun des trois fait un peuple fort grand ;
Quisque unum de illos tres facit unum populum forte grandem
Chisq' un' de 'llos tres fac't un' pop'l' fort' grand'

Le Createur en a beny l'engeance.
Illum Creatorem inde habet benedictum illam —
'lu Creator' ind' hab't bene'ict' 'la' —

En toute affaire ils ne font que songer
In   totam   (ad facere) illos non faciunt quam somniare
In   tote   —   il's nen fa'unt que' somjer'

Aux moyens d'exercer leur langue.
Ad illos (medianum) de (exercere) illorum linguam.
A' 'll's   —   de exercer'   'lor' lingue'.

Hé, mon amy, tire-moy de danger ;
He, meum amicum. — me de illum *dominiarium;*
He, m'um amic', — me de 'lu dom'njier' :

Tu feras après ta harangue.
Tu facere habes ad pressum tuam —
Tu faç're hab's a' press' t'a'

XX

Le Coq et la Perle

Un jour un Coq détourna
Unum diurnum, unum *Coccum* (tornus)
Un' djurn', un' Cocc' —

Une Perle qu'il donna
Unam Pirulam quam ille donavit
Une Pir'le' que' il' dona't

Au beau premier Lapidaire :
Ad illum bellum primarium Lapidarium :
A' 'll' bel' primier' Lapidaire' :

Je la crois fine, dit-il,
Ego illam credo finitam, dixit ille,
E'o 'la' cre'o fin', dix't il',

Mais le moindre grain de Mil
Magis illum minor granum de Milium
Ma'is 'llu' min'r gran' de Mil'

Seroit bien mieux mon affaire.
Essere habebat bene melius meum (ad facere).
'sser' ha'e'at ben' miel's m'um —

Un ignorant herita
Unum ignorantem hœreditavit
Un' ignorant' hœre'itat

D'un Manuscrit qu'il porta
De unum Manuscriptum quam ille portavit
De un' Manuscript' qu' il' porta't

Chez son voisin le Libraire ;
Casa suum vicinum illum Librarium ;
C(h)as' s'um voicin' 'lu' Librai·e ;

Je crois, dit-il, qu'il est bon ;
Ego credo, dixit ille, quam ille est bonum ;
E'o cre'o, dix't il', que' il' est bon' ;

Mais le moindre Ducaton
Magis illum minor (dux)
Ma'is 'lu' min'r —

Seroit bien mieux mon affaire.
Essere habebat bene melius meum (ad facere).
'ser' ha'e'at ben' miel's m'um —

XXI

Les Frelons et les Moûches à miel

A l'œuvre on connoist l'Artisan.
Ad illam operem hemo cognoscit illum (Ars).
A' 'lu' ov're hom' cognos't 'lu' —

Quelques rayons de miel sans maistre se trouverent :
Qualesque (radius) de mel sino magistrum se turbaverunt :
Qual'que — de mel sin' ma'istr' se truba'er'nt :

Des Frelons les reclamerent ;
De illos (Fragilis) illos reclamaverunt ;
De 'los — 'los reclama'er'nt ;

Des Abeilles s'opposant,
De illas Apiculas se (opponere),
De 'llas Apic'les se —

Devant certaine Guespe on traduisit la cause.
De ab ante (certa) Vespam homo traduxit illam causam.
De ab ant' — Vespe' hom' traduxit 'la' cau:e'.

Il estoit mal-aisé de décider la chose :
Ille stabat — de (decidere) illam causam :
Il' (e)sta'at — de decider' 'la' cau:e' :

Les témoins déposoient qu'autour de ces rayons
Illos testimonios (deponere) quam ad (turnus) de ecce istos (radius)
'los test'moin's — que' a' — de co'ist's —

Des animaux aîlez, bourdonnans, un peu longs,
De illos animales alatos, — unum paucum longos,
De 'll's animal's alat's — un' pauc' long's.

De couleur fort tannée ; et tels que des Abeilles,
De colorem forte — et tales quam de illas Apiculas,
De color' fort' — et tal's que' de 'llas Apic'les.

Avoient long-temps paru : Mais quoy, dans les Frelons
Habebant longum tempus (parere) : Magis quid, de intus illos (Fragi'is)
Have'ant long' temp's — Ma'is quoi', de int's 'los —

Ces enseignes estoient pareilles.
Ecce istas insignes stabant *pariculas*.
'cc' istes insignes (e)sta'ant paric'les.

La Guespe ne sçachant que dire à ces raisons,
Illam Vespam non sapientem quam dicere ad ecce istas rationes,
'la' Vespe' non sapjent' que' diç'r' a' 'cç' istes ration's,

Fit enqueste nouvelle ; et pour plus de lumiere,
Fecit inquisitam novellam ; et pro plus de luminaria,
Fec't inquis'te' novelle' ; et por plus de lum'niere,

Entendit une fourmilliere ;
Intendit unam (formicula) ;
Intendit une' —

Le poinct n'en pût estre éclaircy.
Illum punctum non inde potuit esser (clarus)
'lu' punct' nen ind' pot't ess're — .

De grace, A quoy bon tout cecy
De gratiam, ad quid bonum totum ecce hoc ecce hic ?
De grece', a' quoi' bon' tot' 'cç' ho cç' hi' ?

Dit une Abeille fort prudente.
Dixit unam Apiculam forte prudentem :
Dixit une' Apic'le' fort' prudente' :

De puis tantost six mois que la Cause est pendante,
De post tantum tot cito six menses quam illam Causam est pendentem,
De pos' tant' tot ç't' six me's' que' 'la' Cause' est pendente',

Nous voicy comme aux premiers jours ;
Nos vide ecce hic quomodo ad illos primarios diurnos ;
Nos void' 'cç' hi' quom' a' 'll's primiar's djurn's ;

Pendant cela le miel se gaste.
Pendente ecce hoc illac illum mel se vastat
Pendent' 'cç' ho' 'la' 'lu' mel se vaste'.

Il est temps desormais que le Juge se haste :
Ille est tempus de ipsa hora magis quam illum Judicem se —
Il' est temp's de ips' hor' ma'is que 'lu' Jud'che' se —

N'a-t-il point assez léché l'Ours ?
Non habet ille punctum adsatis (lecare) illum Ursum ?
Nen hab't il' punct' adsat's — 'lu' Urs' ?

Sans tant de contredits, et d'interlocutoires,
Sine tantum de contra dictos, et de (inter loqui),
Sin' tant' de contre dict's, et de —

Et de tracas, et de grimoires !
Et de — et de (grammatica)!
Et de — et de —

Travaillons, les Frelons et nous :
(Trabes), illos (Fragilis) et nos :
— 'los — et nos :

On verra qui sçait faire avec un suc si doux,
Homo videre habet qui sapit facere ab hoc unum succum si dulce,
Hom' vid'r' habt qui sap't faç're av hoc un' succ' si dulc',

Des cellules si bien basties.
De illas cellulas si bene —
De 'llas cellules si ben' —

Le refus des Frelons fit voir
Illum (refutare) de illos (Fragilis) fecit videre
'lu' — de 'llos — fec't vi'er'

Que cét art passoit leur sçavoir :
Quam eccistum artem (passus) illorum sapere :
Que' 'ccist' art° — 'lor' saber' :

Et la Guespe adjugea le miel à leurs parties.
Et illam Vespam adjudicavit illum mel ad illorum (pars).
Et 'la' Vespe' adjud'c(h)a't 'lu' mel a' 'lor' —

Pleust à Dieu qu'on reglast ainsi tous les procez !
Placuisset ad Deum quam homo regulasset in sic totos illos processus !
Pla'uiss't a' Deu' que' hom' reg'las't in si' tot's 'los process' !

Que des Turcs en cela l'on suivist la methode !
Quam de illos Turcos in ecce hoc illac illum homo (sequi) illam methodam
Que' de 'llos Turc's in 'cc' ho' 'la' 'lu' hom' — 'la' —

Le simple sens commun nous tiendroit lieu de Code :
Illum simplicem sensum communem nos tenere habebat locum de Codicem :
'lu' simpl' sens' commun' nos ten're ha'e'at loc' de Code' :

Il ne faudroit point tant de frais :
Ille non fallere habebat punctum tantum de fractos :
Ill' nen fall're ha'e'at punct' tant' de fract's :

Au lieu qu'on nous mange, on nous gruge,
Ad illum locum quam homo nos manducat, homo nos —
A' 'lu' loc' que' hom' nos mand'che', hom' nos —

On nous mine par des longueurs :
Homo nos minat per de illas (longus) :
Hom' nos mine' per de 'llos —

On fait tant à la fin, que l'huistre est pour le Juge,
Homo facit tantum ad illam finem, quam illam Ostream est pro illum Judicem,
Hom' fac't tant' a' 'la' fin', que' 'la Ostre' est por 'lu' Jud'c(h)e',

Les écailles pour les plaideurs.
Illas — pro illos (placere).
'las — por 'los —

XXII

Le Chesne et le Rozeau

Le Chesne un' jour dit au Rozeau :
Illum — unum diurnum dicit ad illum —
'lu' — un' djurn' dic't a' 'lu' —

Vous avez bien sujet d'accuser la Nature.
Vos habetis bene subjectum de accusare illam Naturam.
Vos habet's ben' subject' de accusar' 'la' Natur'.

Un Roitelet pour vous est un pesant fardeau.
Unum (Rex) pro vos est unum pensantem —
Un' — por vos est un' pe'sant' —

Le moindre vent qui d'aventure
Illum minor ventum qui de adventuram
'lu' min'r vent' qui de adventu e'

Fait rider la face de l'eau,
Facit — illam faciem de illam aquam,
Fac't — 'la' faç' de 'lla' aqu .

Vous oblige à baisser la teste :
Vos obligat ad (bassus) illam testam :
Vos oblige' a' — 'la' teste' :

Cependant que mon front au Caucase pareil.
Ecce hoc pendente quam meum frontem ad illum Caucasum pariculum
'cc' ho' pendent' que' m'um front' a' llu' Caucas' paric'l'

Non content d'arrester les rayons du Soleil,
Non contentem de arrestare illos (radius) de illum (Sol),
Non content' de arrestar' 'los — de ll' —

Brave l'effort de la tempeste.
— illum (fortis) de illam (tempestas).
— 'lu' — de 'lla' —

Tout vous est Aquilon ; tout me semble zephir.
Totum vos est Aquilonem ; totum me simulat zephyrum.
Tot' vos est Aquilon' ; tot'. me sim'le' zephyr'.

Encor si vous naissiez à l'abry du feüillage
Hanc horam si vos nascebatis ad illum — de illum (folium)
Hanc hore' si vos nasce'at's a' 'lu' — de 'llu —

Dont je couvre le voisinage ;
De unde ego cooperio illum (vicinus) ;
De und' e'o coop'r' 'lu' —

Vous n'auriez pas tant à souffrir ;
Vos non habere habebatis passus tantum ad (sufferere) ;
Vos nen ha'ere habe'at's pass' tant' a' —

Je vous deffendrois de l'orage :
Ego vos defendere habebam de illum (aura) ;
E'o vos defend're ha'e'a' de 'lu' —

Mais vous naissez le plus souvent
Magis vos (nasci) illum plus subinde
Ma'is vos — 'lu' plus subind'

Sur les humides bords des Royaumes du vent.
Super illos humidos — de illos (Rex) de illum ventum.
Sup'r 'los humid's — de 'll's — de 'll' vent'.

La Nature envers vous me semble bien injuste.
Illam Naturam in versus vos me simulat bene injustam.
'la' Nature' in vers' vos me sim'le' ben' injuste'.

Vostre compassion, luy répondit l'Arbuste,
Vostram compassionem, illuic respondit illum Arbustum,
vostre' compassion', 'li respondit 'lu' Arbuste',

Part d'un bon naturel ; mais quittez ce soucy.
(Partiri) de unum bonum naturalem; magis (quietus) ecce hoc (sollicitare).
— d' un' bon' naturel'; ma'is — 'cç' ho' —

Les vents me sont moins qu'à vous redoutables.
Illos ventos me sunt minus quam ad vos (dubitare).
'los vent's me sunt min's que' a' vos —

Je plie et ne romps pas ; vous avez jusqu'icy
Ego plico et non rumpo passus; Vos habetis de usque ecce hic
E'o plic' et non rump' pass'; vos habet's deusque 'cç' hi'

Contre leurs coups épouvantables
Contra illorum colaphos (expavere)
Contre 'lor' col'p's —

Resisté sans courber le dos :
(Resistere) sine curvare illum dorsum :
— sin' curvar' 'lu' dors' :

Mais attendons la fin. Comme il disoit ces mots ;
Magis (attendere) illam finem. Quomodo ille dicebat ecce istos muttos
Ma'is — 'la' fin'. Quom' il' dice'at 'cç' ist's mut's.

Du bout de l'Orizon accourt avec furie
De illum — de illum Horizon ad currit ab hoc furiam
De 'llu — de 'llu Horizon adcurr't ap hoc furie'

Le plus terrible des enfans
Illum plus terribilem de illos infantes
'lu' plus terrib'le' de 'llos infant's

Que le Nort eust porté jusques là dans ses flancs.
Quam illum — habuisset portatum deusque illac de intus suos —
Que' 'lu' — ha'uis't portat' deusque 'la' de int's s'os —

L'Arbre tient bon ; le Roseau plie :
Illum Arborem tenet bonum; illum — plicat :
'lu' Arb're' ten't bon'; 'lu' — plic't :

Le vent redouble ses efforts,
Illum ventum (duplex) suos (fortis),
'lu' vent' — s'os —

Et fait si bien qu'il déracine
Et facit si bene quam ille (radix)
Et fac't si ben' que' il' —

Celuy de qui la teste au Ciel estoit voisine,
Ecce illuic de qui illam testam ad illum Cœlum stabat vicinam,
'cç' illui' de qui 'la' teste' a' 'lu' cœl' (e)sta'at voicine',

Et dont les pieds touchoient à l'empire des morts.
Et de unde illos pedes ad illum imperium de illos mortuos.
Et de und' 'los ped's a' 'lu' impeire de 'llos mert's.

TABLE DES MATIÈRES

	Pages
Lettre a M. F. Guessard.......................................	5
Théorie des Lois qui président a la formation de la Langue française...	6
Loi de Contraction...	15
Loi de Déclinaison...	16
De la Permutation des Lettres.................................	16
Tableau généalogique des Voyelles et des Diphthongues françaises	19
Tableau de la transformation des Voyelles et Diphthongues latines en Lettres et Diphthongues françaises................	21
Tableau généalogique des Consonnes françaises............	24
Tableau de la transformation des Consonnes latines en Consonnes françaises...	27
De l'Addition des Lettres.......................................	27
De la Soustraction des Lettres.................................	30
Explication des Signes...	32
Premier livre des Fables de La Fontaine.....................	33
1. — La Cigale et la Fourmy..................................	33
2. — Le Corbeau et le Renard................................	35
3. — La Grenouille qui veut se faire aussi grosse que le Bœuf..	36
4. — Les deux Mulets...	37
5. — Le Loup et le Chien......................................	39
6. — La Génisse, la Chèvre et la Brebis en société avec le Lion	42
7. — La Besace...	43
8. — L'Hirondelle et les Petits Oyseaux.....................	46
9. — Le Rat de ville et le Rat des champs.................	50
10. — Le Loup et l'Agneau....................................	52
11. — L'Homme et son Image.................................	54
12. — Le Dragon à plusieurs testes et le Dragon à plusieurs queues	56
13. — Les Voleurs et l'Asne...................................	58
14. — Simonide préservé par les Dieux.....................	59
15. — La Mort et le Malheureux..............................	64
16. — La Mort et le Buscheron...............................	65
17. — L'Homme entre deux âges.............................	67
18. — Le Renard et la Cicogne...............................	69
19. — L'Enfant et le Maistre d'Ecole........................	71
20. — Le Coq et la Poule.......................................	73
21. — Les Frelons et les Mouches à miel..................	74
22. — Le Chesne et le Rozeau................................	77

PARIS. — IMP. V. GOUPY ET JOURDAN, RUE DE RENNES, 71.

www.ingramcontent.com/pod-product-compliance
Lightning Source LLC
LaVergne TN
LVHW020941090426
835512LV00009B/1663